PIEDS NUS
DANS L'AUBE

Du roman au grand écran

Conception graphique, traitement des photos et mise en pages : Bruno Lamoureux

En page couverture : *Dos à dos sur les rails...* (iPhone. Instant Lab avec film 600 N&B. Transfert d'émulsion sur papier Canson Montval. Colorisation de Bruno Lamoureux).

Quatrième de couverture : *Portrait père-fils hivernal* (Canon Rebel Xsi, Instant Lab avec film I-TYPE couleur et transfert d'émulsion sur papier Canson Montval) ; *Félix devant le drame* (Canon Rebel Xsi (Félix) et iPhone (la morte). Instant Lab, film I-TYPE couleur. Transfert d'émulsion en triptyque sur papier Artistico Ext White 6 × 15 pouces) ; *Après la messe, Garde Lemieux attend quelque chose… ou quelqu'un* (Canon Rebel Xsi, Instant Lab avec film I-TYPE couleur et transfert d'émulsion sur papier Canson Montval).

Rabat de la couverture : *Devant la maison de son enfance, jour de départ pour Félix* (iPhone, Instant Lab avec film 600 N&B. Transfert d'émulsion sur papier Strathmore Aquarelle Série 400).

Catalogage avant publication de Bibliothèque et Archives nationales du Québec et Bibliothèque et Archives Canada

Leclerc, Francis
Pieds nus dans l'aube : du roman au grand écran

ISBN 978-2-7621-4120-7

1. Pieds nus dans l'aube (Film). 2. Leclerc, Félix, 1914-1988. Pieds nus dans l'aube.
3. Leclerc, Francis — Entretiens. I. Titre.

PN1997.2.P53L42 2017   791.43'72   C2017-941775-4

Dépôt légal : 4e trimestre 2017
Bibliothèque et Archives nationales du Québec
© Groupe Fides inc., 2017

La maison d'édition reconnaît l'aide financière du gouvernement du Canada par l'entremise du Fonds du livre du Canada pour ses activités d'édition. La maison d'édition remercie de leur soutien financier le Conseil des arts du Canada et la Société de développement des entreprises culturelles du Québec (SODEC). La maison d'édition bénéficie du Programme de crédit d'impôt pour l'édition de livres du gouvernement du Québec, géré par la SODEC.

IMPRIMÉ AU CANADA EN OCTOBRE 2017

Financé par le gouvernement du Canada   Funded by the Government of Canada   Canadä

FSC
www.fsc.org

MIXTE
Papier issu de sources responsables
FSC® C011825

Textes de **Francis Leclerc**   Photographies de **Daniel Guy**

PIEDS NUS DANS L'AUBE

Du roman au grand écran

FIDES

Détail de la façade chez le forgeron.
iPhone. Instant Lab avec film I-TYPE couleur. Transfert d'émulsion sur papier Strathmore Aquarelle Série 400.

Préface

Félix,
Par ses semelles et dans ses traces,
Conserve toute son ampleur.
Celle de ses chansons et de ses fables,
De ses calepins et ses flânages,
De sa route et de ses doutes.

Tout tient tant et bien,
Que sur les épaules du poète
On peut déposer le poids du temps,
Et en faire la figure emblématique qu'il est devenu.

Félix,
Juste le prénom,
Et c'est tout le grand homme qui se montre.

Félix,
Autour duquel on s'entend et on se reconnaît,
Autour duquel on a semé du fier
Et fait pousser de l'identité
Qui fleurit encore aux saisons venues.

La chenille a fait son papillon,
L'œuf a viré en oiseau,
Le poète est devenu symbole.

* * *

Alors quand on t'appelle
Pour aller jouer de la plume chez si grand,
Il y a l'humilité qui ne laisse pas de place au doute.
La peur d'altérer le mélange.
Qui oserait?

L'invitation est venue.
Et j'ai reculé de deux pas.
Toucher à *Pieds nus dans l'aube*?
Il va falloir se lever de bonne heure!

Francis m'a invité.
Juste pour en jaser.
Et c'est devenu clair:
On n'allait pas entrer chez Félix
Par la grande porte iconique,
On allait faire un film
Sur le roman de son père.
Pas l'icône, le père!
Comme si on passait par le côté,
Par la porte de la famille,

Des manteaux sur les crochets,
Et des bottes qu'on laisse traîner sur le tapis.

La suite des scènes était déjà tout bien squelettée,
Francis me donnait le grand privilège de mettre des mots dans
    la bouche des personnages.
J'ai proposé en bleu.
Dans le temps de dire,
Il m'a relancé en orange.
— Le cinéma n'est plus au temps du noir et blanc ! —
J'ai fait un voyage de vert,
Il a rebondi en rose,
Et de jaune en rouge,
Et encore.
Sur plusieurs mois.

Quand on avait l'impression d'avoir trouvé,
Francis rendait la chose officielle en la passant au noir.
Comme les mûres
Quand c'est mûr.

On a écrit vite et souvent,
Revenant au livre puis l'oubliant,
Prenant des libertés
Avec lesquelles le père aurait été d'accord.

La collaboration était organisée et efficace.
En cours de route,
Les dialogues ont fait bouger la structure.
Francis a joué sur les paroles des personnages.
À la fin,
On savait plus trop quoi était de qui.
Alors on a déposé le scénario.

* * *

La pomme pas loin de l'arbre ?
En tout cas, l'homme pas loin de l'âme.

J'ai vu l'envergure de Francis
Dans la façon et dans le temps.
Avec son sens de la boucle,
Et son penchant pour la troupe,
Encore longtemps après le mandat,
Il nous garde dans l'histoire.

L'œil dans les correspondances,
J'ai pu voir passer les plans de distribution des rôles,
Les visites des lieux où planter plateau.
Puis j'ai pu aller flâner sur le tournage,
Dîner avec les personnages.
Je l'ai vu rassembler son monde,
Transmettre sa passion à de jeunes acteurs,

Puiser dans le talent de joueurs géants,
Prendre la parole pour faire rire tous les membres de l'équipe
     d'un seul coup,
Nous montrer que ce n'est pas tout de faire un film,
Mais qu'on doit aussi s'en faire une aventure.

* * *

Cette chose qui participe à la dimension du symbole partagé,
C'est celle qui nous permet de s'y retrouver tous,
Celle qu'on classera dans le tiroir de l'universalité de l'œuvre.

Avec le film *Pieds nus dans l'aube*,
On a essayé de tricoter par là :
L'histoire, c'est celle de Félix avant Félix,
C'est l'œuf avant l'oiseau,
La chenille avant son papillon.
Pieds nus dans l'aube,
C'est l'enfance avant le poète,
Parce que toutes les enfances méritent de contenir une promesse.

Fred Pellerin

Contexte

L'idée de faire un *livre d'art* à partir de l'expérience du tournage du film *Pieds nus dans l'aube* est née de mon amitié avec Daniel Guy. Longtemps camarade sur mes plateaux de tournage, Daniel est d'abord un premier assistant à la caméra. Depuis sa tendre jeunesse, avant même qu'il ne porte une barbe (personne n'a jamais vu Daniel sans barbe !), Daniel est un réel passionné de la caméra — l'objet — sous toutes ses formes, ses utilités, ses fonctionnements. Tant cinématographique que photographique, Daniel manipule cet objet avec le plus grand respect. J'ai toujours perçu Daniel comme un artisan, un créateur, un passionné. C'est avec une grande humilité qu'il a accepté de se joindre à ce projet de livre. Son travail d'artiste se retrouve dans chacune des photographies qu'il signe dans cet ouvrage.

L'idée m'est venue alors que je faisais souvent la route Montréal-Québec. Ma mère n'allait pas bien ; j'ai souvent fait le trajet entre les deux villes ces dernières années. Souvent, elle m'a répété que je faisais exactement ce qu'elle aurait voulu faire, soit… des films. J'ai hérité de sa petite caméra 8 mm. Avec cette caméra qui utilisait des cartouches Kodachrome d'une durée d'environ 3 minutes, j'ai fait une multitude

PAGE PRÉCÉDENTE

Galerie chez les Leclerc. Les feuilles mortes sont le seul indice de la saison.

iPhone, Instant Lab avec le film I-TYPE couleur. Transfert d'émulsion sur papier Strathmore Aquarelle Série 400.

de courts métrages. Ma fascination pour l'objet — mécanique — qui faisait un bruit d'enfer m'a longtemps suivi à travers mon apprentissage. Mes essais-erreurs m'ont servi de nombreuses fois : j'ai appris les rudiments de la direction photo grâce à cette caméra. C'est aussi grâce à elle que j'ai vite réalisé que d'autres étaient beaucoup plus habiles que moi avec cet objet.

Daniel est à la retraite depuis quelques années. Je m'ennuyais de lui et de sa présence autour de la caméra sur mes plateaux. J'eus l'idée de lui demander de venir visiter ses camarades de tournage, mais cette fois-ci, en tant que photographe invité. À l'aide de ses caméras datant d'une autre époque, il ferait des images comme les photographes d'autrefois. J'allais, autant que possible, lui laisser du temps avec les comédiens et les comédiennes lors de nos journées de tournage. Ce que vous voyez de son travail dans ce livre sont ses mises en scène, ses mises en image, sa vision des personnages à travers les décors et les costumes de *Pieds nus dans l'aube*.

Au commencement

J'ai commencé à faire du cinéma au milieu des années 1990.
J'ai enchaîné plusieurs courts métrages, vidéoclips, petits contrats
à gauche et à droite. Lentement, le rêve de pouvoir faire un premier
long métrage prenait forme. Depuis la mort de mon père, en 1988,
le cinéma avait pris une grande place dans ma vie. Tout cela s'est
fait naturellement et je ne me souviens pas exactement du jour où
c'est devenu une passion. Mon temps de cégépien et d'universitaire
oscillait entre la vidéothèque, le ciné-club (que je dirigeais!),
le cinéma Le Clap à Québec, les laboratoires photo du cégep
de Sainte-Foy, la radio étudiante et le journal étudiant. En gros,
je faisais tout avec passion sauf... suivre mes cours! Ma vie en marge
de mes études a fini par occuper toute la place. Je me dirigeais
lentement mais sûrement vers une vie de cinéaste.

Début vingtaine, je me souviens de m'être interrogé sur la
possibilité d'adapter un roman de mon père. J'ai rapidement écarté
cette éventualité, car la comparaison allait être inévitable. À ce
moment, j'étais très attiré par *Le fou de l'île* ou *Pieds nus dans l'aube*,
deux romans écrits par mon père. Aussi, l'idée de réaliser un film
d'époque me stimulait grandement. Déjà, avec quelques poignées
de dollars, j'avais réussi à faire des courts métrages se passant dans

PAGE PRÉCÉDENTE

Couverture du livre publié chez Fides, 4ᵉ édition, juillet 1953.

SX-70. Le tout premier test de transfert d'émulsion réalisé pour ce projet sur papier Canson Montval.

17

les années 1920-1930. Mon objectif de jeune cinéaste : faire un premier long métrage dont l'action se déroulerait dans les années 1920.

À cette époque, le poids d'être le « fils de » était lourd. Je faisais tout pour m'en dissocier. Mon père avait 57 ans à ma naissance. Peu de gens de ma génération savaient qu'il était mon père. Plusieurs ont pensé qu'il était mon grand-père et n'en faisaient pas grand cas. C'est plus tard, lorsque je fus confronté au contact médiatique, que j'ai réalisé que la comparaison avec mon père allait me suivre pour un long moment encore. Gagner un « Félix » pour meilleur vidéoclip de l'année (1996) n'aida pas ma cause !

Puis vinrent les opportunités de travail plus sérieuses. Avant ma trentaine, après avoir adapté pour la télévision *Les sept branches de la rivière Ota* de Robert Lepage, la grande porte du long métrage s'ouvrit. Bien sûr, dans les journaux, c'était le « fils de » qui réalisait son premier film. Bien que je m'y attendais, tous les articles en faisaient mention. Le film fut bien accueilli. La comparaison entre les univers poétiques, finalement, ne me faisait pas si mal que ça.

En empruntant à mon père l'histoire d'Anne-Marie dans le roman *Pieds nus dans l'aube*, je fis d'elle l'héroïne principale de mon premier long métrage, *Une jeune fille à la fenêtre*. Atteinte d'une malformation cardiaque, Marthe (son vrai nom dans la vie), aînée de la famille,

PAGE SUIVANTE

Devant la maison de son enfance, jour de départ pour Félix.
iPhone, Instant Lab avec film 600 N&B. Transfert d'émulsion et virage au sélénium sur papier Strathmore Aquarelle Série 400.

PAGE 20

Jean-Marie, Oncle Richard et Fabiola.
iPhone. Instant Lab avec film I-TYPE B&W. Transfert d'émulsion sur papier Strathmore Aquarelle Série 400.

part à Québec suivre des cours de piano. Très malade, elle finira par se fiancer, avant de mourir, avec un homme — beaucoup plus âgé qu'elle — de la région (comme dans le roman). Sans annoncer que je m'étais directement inspiré du roman, l'aspect contemplatif de l'histoire se démarquait. La musique de Schubert imprégnait le film. Les enfants autour du rôle principal prenaient une grande part du récit et l'idée de quitter sa famille pour (re)faire sa vie s'imposait d'elle-même. Tous ces éléments — qui constituent la colonne vertébrale d'*Une jeune fille à la fenêtre* — se retrouvent aussi dans *Pieds nus dans l'aube*.

Après trois films, plusieurs téléséries, films publicitaires et autres réalisations, me voici donc, vingt ans plus tard, réalisant mon désir d'adapter un roman de mon père. Avec le temps, les articles sur mes réalisations ont cessé de mentionner le nom de mon père. J'ai l'impression, avec les années, que mon propre prénom a pris sa place.

Drame vs chronique

Je ne voulais pas que le film ressemble à une chronique. Dans mon film précédent, *Un été sans point ni coup sûr*, l'univers dans lequel évoluait le jeune homme de douze ans se prêtait mieux à la chronique. Dans ce film, pas vraiment d'éléments dramatiques graves. Quand le drame de ton été est de ne pas faire l'équipe A au baseball de ton quartier, on ne parle pas d'un grand film dramatique. Pour *Pieds nus dans l'aube*, je voyais davantage un drame et souhaitais prendre mes distances de la chronique, tant au sens littéraire que cinématographique.

Le roman de mon père est divisé en vingt chapitres. Chacun se lit un peu comme une nouvelle. Chaque chapitre a souvent sa colonne vertébrale, son début, son milieu et sa fin en soi. Le roman passe de l'hiver à l'été en traversant l'automne. Il n'y a pas vraiment de suite logique et l'évolution du personnage central (Félix) est difficile à suivre. Alors que le canton Mayou est placé au début du livre, il nous apparaissait comme impératif de le situer au cœur même du film. Fred et moi avions le sentiment qu'il fallait créer une évolution, montrer un apprentissage qui se bâtit sur les expériences accumulées dans la vie de Félix.

Le roman semble se passer sur au moins trois ans. Dans le film, nous avons décidé que notre histoire se déroulerait sur trois saisons, soit la toute dernière année de Félix à La Tuque. Ainsi, les éléments dramatiques pouvaient mieux s'imbriquer. Nous en avons choisi certains directement dans le roman (la traversée du Saint-Maurice, la disparition de la femme du forgeron, le passage de Félix chez Gaspard le barbier), et en avons créé d'autres de toutes pièces pour renforcer l'aspect dramatique de l'histoire (la mort du cheval au canton Mayou, la déception de Félix au Bal des Anglais par rapport à Garde Lemieux, la découverte de la noyée par Félix et Fidor).

Il en va de même pour la juxtaposition de plusieurs personnages. Dans le roman, il en existe une quantité appréciable. Comme pour bien des films, en deux heures, il est impossible d'adapter chaque passage du roman. Pour éviter l'éparpillement, il était nécessaire de relier quelques personnages.

≪ La petite rousse était dans la classe, très calme, fouillant dans son pupitre, là-bas. Elle sourit en me voyant et respira une petite fleur qu'elle avait sur son ruban. Je me sentis drôle, mais si drôle et si bêtement paralysé. Que dit-on? Que fait-on? Elle s'approcha, me frôla sans bruit comme une chatte en me glissant dans la main une orange tiède. Elle avait les yeux couleur de fond de ruisseau, le même que chez Ludger où j'avais pêché des truites. Une minuscule chaîne d'argent effleurait son cou et disparaissait sous son lourd chignon. Je restai là longtemps, l'orange à la main, ébahi comme devant une toile qui vous lance des invitations à des plages inconnues!* ≫ (p. 187-188)

* Tous les extraits de *Pieds nus dans l'aube* de Félix Leclerc sont tirés de la nouvelle édition parue chez Fides en 2017 dans sa collection Biblio Fides.

Félix devant le drame.

« C'est souvent comme ça : la mort et l'amour se tiennent par la main. » (scénario, p. 103)

Canon Rebel Xsi (Félix) et iPhone (la morte). Instant Lab, film I-TYPE couleur.
Transfert d'émulsion en triptyque sur papier Artistico Ext White 6 × 15 pouces.

Ainsi, Ludger et Fidor ne font qu'un (Fidor), même chose pour
l'Irlandais et Oncle Richard (Oncle Richard), et nous avons évacué
le volet théâtral de Gaspard, devenu le barbier. Quant aux sentiments
amoureux de Félix pour la petite fille rousse de la classe, nous avons
préféré les attribuer à Garde Lemieux. Cet amour impossible, à cause
de la différence d'âge entre elle et Félix, nous semblait plus intéressant
à placer dans le cheminement dramatique du jeune préadolescent
qu'est Félix lors de cette unique année à l'écran de 1927.

PAGE PRÉCÉDENTE

Godendard (détail).

iPhone. Instant Lab avec film I-TYPE couleur.
Transfert d'émulsion sur papier Strathmore Aquarelle Série 400.

CI-DESSOUS

Bérubé, le forgeron.

« Je m'arracherai le cœur parce qu'il me fait trop souffrir. » (p. 67)

iPhone. Instant Lab avec film I-TYPE N&B. Transfert d'émulsion
sur papier Strathmore Aquarelle Série 400.

L'enfance

Le film débute quelque part en février 1927, alors que Félix termine sa 12ᵉ année. En livrant du bois avec son père et ses frères, il rencontre pour la première fois Fidor, jeune homme énigmatique, reclus et différent des autres. Félix se rapproche de lui tout au long de la même année. Alors que leur amitié est au plus fort, ils doivent se séparer — pour toujours — dès l'automne venu, alors que Félix doit, malgré lui, partir étudier à Ottawa dans un collège classique. Cette éventualité de séparation est évoquée dès le début, et mise en parallèle. Leur amitié se développe d'une manière toute naturelle, sans heurts, sans collision. Le destin des deux jeunes hommes était déjà tracé.

L'enfance de *Pieds nus dans l'aube* est donc marquée de cette amitié unique, celle avec Fidor, l'enfant qui va à « l'autre école, celle où il n'y a pas

PAGE PRÉCÉDENTE

Fidor, l'enfant qui ne va pas à la même école que Félix.

« Fidor, le coq du quartier, champion coureur de la rue, héros déguenillé de mon enfance, sorti d'une maison branlante, m'apprit que nos douze ans étaient aussi fragiles que les soixante-dix ans du père Richard. » (p. 45)

Sténopé ; Zeroimage 6 × 9, f/235. Film Acros 100 Neopan. 21 secondes d'exposition. Développement du négatif au Caffenol CM(+i).

de pupitres vernis ». Dans le roman, il y a aussi celle avec Ludger, le petit garçon de la ferme, « l'habitant ». En mélangeant les deux personnages, nous avons choisi d'étoffer le personnage de Fidor en lui donnant quelques traits de caractère empruntés à Ludger. C'est surtout de cette amitié qu'il est question dans le livre. À l'écran, elle est devenue naturelle et profonde. En Fidor, le petit pauvre du village, Félix découvre son complément et son contraire. Parfois, après avoir tourné le film, je me demande encore : et si Fidor n'avait jamais existé ? N'est-il pas que le fruit de l'imagination de mon père ?

Malgré les années qui séparent nos générations, l'enfance que dépeint mon père dans son roman est sans doute plus proche de la mienne et de celle de mon fils. Mêmes valeurs peut-être, mêmes peurs, mêmes sensibilités, je me retrouve, moi, Francis, dans Félix le personnage du roman autant que je peux voir mon propre fils (Léo) à travers toutes les scènes. Trois générations s'entremêlent dans ma tête. Dans les faits et gestes décrits dans le scénario, une confusion souhaitée, comprise, judicieusement choisie s'est amenée tout au long de l'écriture. Ce qui fait qu'il y a un peu de moi dans l'histoire, un peu de mon fils et, bien entendu, beaucoup de Félix.

Outre l'influence directe de l'éducation que j'ai reçue de mes parents, on retrouve dans le film toute l'influence du cinéma que j'ai pu recevoir avant mes vingt ans. Les quatre films qui suivent sont tous des films d'époque où l'enfance est au premier plan. Ce sont aussi des films que j'ai vus et aimés après la mort de mon père... Il doit bien y avoir un lien entre l'ado que j'étais et la quête du monde adulte à laquelle j'aspirais pour combler la perte prématurée de mon père.

Jour de départ de Félix, cette fois-ci, face à sa maison.

«Un matin, je suis parti seul en train pour ce collège qui était loin, loin, loin.
J'étais endimanché, étranglé. Des boules et des boules me roulaient dans le coeur.» (p. 230)

Holga 120WPC, 6 × 9, f/135. Film Velvia 50 asa. 22 secondes d'exposition.
Traitement du négatif au Laboratoire Boréalis.

La société des poètes disparus (1989)

Peut-être le film sur l'adolescence le plus marquant que j'ai vu.
La réalisation de Peter Weir est parfaite. Chaque scène, chaque
souffle, chaque passage du temps est minutieusement mis en scène.
La relation adulte-adolescent est inventive, intelligente, unique.
Le professeur (joué par Robin Williams) ne juge jamais ses élèves,
sa relation avec eux n'est pas paternaliste. Il n'est pas non plus leur
meilleur ami. Au-delà du sujet, de cette histoire de collège, il y a
dans cette union entre le professeur John Keating et ses étudiants
un rapport que j'aime comparer à ce que je peux vivre, moi,
comme metteur en scène d'enfants, d'adolescents au travers de mes
réalisations. Ce film n'a pas vieilli, la musique de Maurice Jarre
non plus et dans vingt ans, nous regarderons encore ce film
comme s'il avait été fait hier.

Pelle le conquérant (1987)

Film danois de Bille August qui raconte l'histoire d'un fils et de son
père (Max Von Sydow), immigrants suédois arrivant en terre danoise
à la fin du 19ᵉ siècle. Film exemplaire sur le passage des saisons où
pauvreté et richesse partagent le même habitat, *Pelle le conquérant*
est un grand film avec des enjeux dramatiques puissants. Inspiré par
celui-ci, j'ai voulu ajouter au scénario de *Pieds nus dans l'aube* des
éléments tragiques plus notoires que ceux qui existaient dans

PAGE SUIVANTE

Félix regardant l'œil du photographe, bien agripé au traîneau familial.
Canon Rebel Xsi. Instant Lab, avec film I-TYPE couleur. Transfert d'émulsion sur papier Canson Montval.

Ils n'ont pas toujours les pieds nus dans l'aube!

«Veux-tu, nous serons deux amis, parce qu'il y a tellement de souffrances à avaler?» (p. 51)

Sténopé; Zeroimage 6 × 9, f/235. Film 120, Across 100 Neopan. 9 secondes d'exposition.
Développement négatif au Caffenol CM(+i).

le roman. *Pelle le conquérant* est un film au regard dur sur une époque où, malgré la beauté des images, la mise en scène ne tombe jamais dans la contemplation. La course du jeune garçon sur les glaciers à la dérive dans le port Bornholm est tout simplement renversante. Ce grand film sur l'amitié entre deux enfants, le petit Rud du film, enfant pauvre errant dans l'entourage de Pelle, a été pour moi une influence importante en ce qui a trait à l'amitié naissante entre Félix et Fidor.

Stand by me (1986)

Pour l'amitié entre préados de 12 ans, pour la quête des quatre jeunes comparses à travers bois, pour l'incarnation parfaite à l'écran de cet âge unique (en particulier celle de River Phoenix), ce film de Rob Reiner possède une magie, un ton à la fois tragique et léger, où l'équilibre entre le drame et la comédie opère un charme indéniable chez le spectateur. La confrontation avec la mort est particulièrement juste. La scène de la rivière dans notre scénario est directement liée à la tension dramatique que l'on retrouve dans *Stand by me*. La très courte séquence de Félix et Fidor sur le pont ferroviaire à la fin du film est un clin d'œil à *Stand by me*.

Fanny et Alexandre (1982)

Je ne pouvais pas ne pas parler de ce film d'Ingmar Bergman, qui nous propose un portrait autobiographique de sa propre enfance. Bien que le film se déroule dans un contexte plus bourgeois, *Fanny et Alexandre* se passe à peu près à la même époque que *Pieds nus dans l'aube*. Les films scandinaves ont quelque chose qui nous ressemble, assurément à cause des quatre saisons très similaires et de leur hiver tout aussi froid et difficile que le nôtre. Grande saga familiale, la direction photo du film est magnifique. Épuré, étudié avec ses cadres graphiques, chaque plan du film est teinté d'une rare subtilité en rapport avec la lumière. Le travail de Sven Nykvist (directeur photo) est à la hauteur de la précision de la mise en scène de Bergman. Ensemble, ce tandem a accompli de grandes œuvres et je considère *Fanny et Alexandre* comme étant leur sommet.

La famille

Sujet complexe et riche, la famille est le centre
d'à peu près tout grand film dramatique. Depuis
un grand nombre d'années, les films ou les séries
dramatiques québécoises relatant le passé de nos
ancêtres ont souvent eu un impact majeur sur les
auditoires. *Les Plouffe, Les filles de Caleb, Les belles
histoires des pays d'en haut, Mon oncle Antoine, Louis
Cyr...* Toutes des histoires familiales dramatiques.
Plusieurs auteurs de romans, scénaristes, réalisateurs
ont été interpellés par leurs origines ou leur port
d'attache. Quoique profondément sédentaire, le
cinéma québécois s'est ouvert sur les autres mondes
avec les dernières décennies. L'art de voyager
s'est perfectionné, le goût de voir ailleurs s'est
installé lentement dans le cœur des Québécois.
Mais nous revenons assez souvent à nos racines,
et les voyageurs du temps — les Ovila Pronovost
de ce monde — ne sont jamais bien loin dans
nos souvenirs.

PAGE PRÉCÉDENTE

Toute la famille est réunie pour le photographe.
Holga 120WPC, 6 × 9, f/135. Film Across 100 Neopan. 8 secondes d'exposition.
Développement négatif au Caffenol CM(+i).

35

Si on s'y attarde le moindrement, *Pieds nus dans l'aube* est un roman typiquement québécois. Famille forte et nombreuse, père vaillant et défricheur, mère sensible et douce, enfants turbulents mais volontaires, la famille Leclerc du roman n'est pas loin de la perfection. Au sein de celle-ci, Félix, jeune enfant contemplatif, rêve lui aussi à une vie de défricheur, de bâtisseur de village. Mais le sort en aura décidé autrement : il sera fait pour l'instruction, les voyages, le goût de voir ailleurs et pas seulement dans le village voisin ! Le fait de partir à 14 ans pour Ottawa afin de poursuivre des études classiques changera probablement son destin du tout au tout.

Mon père a toujours décrit sa famille comme étant aimante, stable, remplie de courage, de solidarité. À l'intérieur même de celle-ci, peu ou pas de conflits : les chicanes d'enfants ne semblent durer que quelques minutes et les accrochages avec les parents sont pratiquement inexistants. Dans *Pieds nus dans l'aube*, les événements dramatiques viennent d'ailleurs. C'est hors de la cellule familiale bien protégée contre l'extérieur qu'on retrouve la pauvreté, la haine, l'envie, l'adultère, le mépris, et même la mort. Est-ce qu'avec le temps, mon père aurait idéalisé les souvenirs de sa jeunesse ? L'ayant quittée très jeune, aurait-il placé sa famille sur un piédestal ? Peut-être. Quoi qu'il en soit, le roman contenait suffisamment de rebondissements dramatiques pour en faire un film, mais pas nécessairement au sein même de sa propre famille.

PAGE PRÉCÉDENTE

Fabiola et Léo, sous l'œil attentif de leur fils Félix.
iPhone, Instant Lab, film 600 N&B. Transfert d'émulsion et virage au sélénium sur Strathmore Aquarelle Série 400, 6 × 11 pouces.

La même famille, mais de l'autre côté de la galerie.

Sténopé; Zeroimage 6 × 9, f/235. Film Across 100 Neopan. 37 secondes d'exposition.
Développement du négatif au Caffenol CM(+i).

PAGE SUIVANTE

Jean-Marie, Oncle Richard, Fabiola, Félix et Léo (mais cette fois-ci en couleurs).

Sténopé; Holga 120 WPC, 6 × 9, f/135. Film Provia 100F. 29 secondes d'exposition.
Traitement du négatif au Laboratoire Boréalis.

En insistant et en précisant quelques passages du roman, le scénario gagnait en teneur dramatique. Le Félix du film est plus actif que celui du roman. Moins contemplatif, il prend part aux décisions familiales, il agit plus qu'il ne regarde, il vit des drames au lieu de les effleurer. Pour en faire un film dramatique, il nous fallait étoffer les faits et gestes de Félix et de Fidor ; Félix dans sa famille saine, Fidor dans sa famille écorchée.

La nature

Une des grandes forces du roman, c'est la description de la nature que Félix en fait. Proche des univers de Pagnol, *Pieds nus dans l'aube* a quelque chose de *La gloire de mon père* ou encore du *Château de ma mère*. Pourtant, les deux romans de Pagnol ont été écrits une dizaine d'années plus tard! Pour un cinéaste, la rivière Saint-Maurice, le canton Mayou, la présence des animaux (chevaux, chiens, loups) relèvent d'un vrai western.

C'est en préparant les séquences avec les dresseurs de chevaux que j'ai réalisé la complexité de celles-ci. Lire le passage dans le roman sur la traversée de la rivière au canton Mayou prend à peine 40 secondes. Préparer la séquence pour le cinéma a pris plusieurs semaines! Et que dire du «combat des chiens» à la forge. Non, je n'ai pas choisi le chemin le plus facile en voulant adapter ces séquences.

PAGE SUIVANTE

Félix rêvasse le long de la rivière au canton Mayou.
Sténopé; Holga 120 WPC, 6 × 9, f/135. Film Across 100 Neopan. 15 secondes d'exposition. Filtre vert. Développement du négatif au Caffenol CM(+i).

40

Pour les quatre premiers jours de tournage, nous avons donc déplacé toute l'équipe au fin fond de la forêt. Pas de signal cellulaire, pas d'accès direct à la route, pas de camp de base préétabli. Nous nous sommes retrouvés au centre de la forêt, accompagnés des quatre hommes de la séquence du canton Mayou (Léo, Oncle Richard, Jean-Marie et Félix). Le pari était risqué de commencer le tournage du film par cette section du scénario. N'ayant aucune expérience de jeu devant la caméra, le petit Justin s'est glissé, ces journées-là, avec aplomb dans la peau de Félix. Au cœur des mouches et des épinettes noires, il a fallu qu'il apprivoise la base du langage cinématographique en quelques heures. Entouré de Roy Dupuis et de Guy Thauvette, il ne pouvait pas espérer meilleurs professeurs.

« Ce fut un cahotement. L'eau touchait l'essieu, l'eau touchait le fond de la voiture, nous penchions à gauche, à droite. Le cheval en avait jusqu'au poitrail : pourtant il avançait courageux, sûr de son affaire, tirant égal, franchement, et prenait les rapides de biais. Sa queue flottait sur l'eau et partait à la dérive. » (p. 76)

PAGE PRÉDÉCENTE

Léo, le coureur des bois, faiseur de villages.
iPhone, Instant Lab avec film I-TYPE N&B. Transfert d'émulsion sur papier Strathmore Aquarelle Série 400.

PAGE SUIVANTE

Portraits d'hommes, jeunes et moins jeunes, au canton Mayou.
S-4 × 5, f/250 avec film Provia 100F. 8 secondes d'exposition. Traitement du négatif au Laboratoire Boréalis.

« À l'intérieur de la cabane qui sentait les copeaux et le bran de scie, il y avait un poêle infirme, une table, la batterie de cuisine, et plusieurs vieux lits de camp alentour. Là, au canton Mayou, je connus mes premiers repas et mes premières nuits en forêt, ma première aube mouillée de brume, les soleils d'or se vautrant dans l'herbe sèche, les veillées à la lampe, les pipes qui fument sans bouger comme dans des bouches de statue, la chaudière de boucane à la porte du campement pour chasser les moustiques, la lointaine et longue plainte des loups dans la nuit, comme il est expliqué dans les livres, et, à l'heure des hiboux... le silence de lune. » (p. 80)

Plus important à l'écran que dans le roman, la cabane en bois rond devint le cœur du canton Mayou. Assurément plus cinématographique, elle se distingue aisément d'une cabane faite de planches droites. J'ai donc opté pour une cabane en bois rond pour le film. Mes premiers souvenirs d'enfance sont ceux issus de mes séjours dans une cabane comme celle-là à l'île d'Orléans. Mon père en avait construit deux (avec, entre autres, Jean-Marie, son frère aîné) au tout début des années 1960. Mon père avait ramené cette idée de construction en bois rond de son expérience sur le film *Les Brûlés*, produit par l'ONF et réalisé par Bernard Devlin en 1959. Faisant partie intégrante de mon enfance, cette icône architecturale devait prendre une belle place dans le film.

L'hiver

Quatre films, quatre fois l'hiver.

Une jeune fille à la fenêtre : finale du film où le personnage de Marthe est confronté à la mort. Se déroulant sur trois saisons, on assiste aux derniers mois de la jeune fille. Dans la portion finale du film, c'est l'hiver. À Québec, tout commence à aller moins bien pour elle : éloignement de son amoureux, échec à ses cours de piano, propagation de la maladie puis retour à la maison parmi les siens. Elle mourra dans l'hiver après une dernière marche, pieds nus dans la neige.

Mémoires affectives : un vétérinaire de campagne se fait renverser par un camion alors qu'il venait en aide à un chevreuil blessé sur le bord de la route. Dans la tempête hivernale, c'est le gouffre, l'oubli. Il se réveillera amnésique et essaiera de reconstruire sa vie avec le peu qu'il a. Il regagne La Malbaie, entouré du froid, de la neige et de souvenirs... qui ne sont pas à lui. Il rêve de chasse, il lutte pour sa survie. Il est *Loup-qui-rêve*, fils de chasseur amérindien, arpentant les montagnes et les lacs gelés depuis 5000 ans.

PAGE SUIVANTE

Moment volé entre deux prises : les acteurs prennent le dessus sur les personnages. Roy, Justin, Grégoire et Stéphane, le roi des chevaux.
Canon Rebel Xsi. Instant Lab avec film I-TYPE couleur.
Transfert d'émulsion sur papier Strathmore Aquarelle Série 400.

Frères: Jean-Marie (mon frère le plus vieux) et Félix devant l'écurie.
iPhone, Instant Lab avec film 600 N&B, transfert d'émulsion
sur papier Strathmore Aquarelle Série 400.

« Des guenilles gelées raides pendaient au vent sur une corde à linge sans poulie et pleine de nœuds. Les enfants de Languelot, des tout-petits et des plus grands, s'étaient collés au flanc de leur taudis, pour se mettre à l'abri. Ils ressemblaient à leur maison et se soufflaient dans les doigts en nous regardant ébahis. » (p. 159-160)

Un été sans point ni coup sûr : ouverture du film en banlieue, l'hiver. Martin, jeune préado de douze ans, se lance la balle avec son ami Pete ; ils sont entourés de bancs de neige. Dans sa tête, il est déjà rendu à l'été et rêve de faire partie de l'équipe A. La neige fond à peine qu'une nouvelle équipe a commencé son entraînement à West Palm Beach. Cette équipe fera son entrée dans la Ligue nationale de baseball : c'est celle des Expos de Montréal.

Pieds nus dans l'aube : ici aussi, ouverture du film en plein hiver. C'est la livraison de bois pour les hommes de la famille Leclerc. Léo, le père, mène la sleigh à travers bois. Ils livrent deux cordes à Maurice Languelot, nouvellement arrivé au village. Il est veuf et a quatre enfants dont Fidor, un jeune homme de douze ans qui se liera d'amitié très vite avec Félix. En plein hiver de 1927, à travers les devoirs de mathématiques et les balades en traîneau à chiens, Félix et son frère ne pensent qu'à une chose : faire leur premier voyage au canton dès que la neige aura fondu.

* * *

Je suis né dans un pays d'hiver. L'île d'Orléans a toujours été pour moi une montagne de neige. J'ai passé mes hivers dehors, à jouer dans la neige, à construire des forts, à fabriquer des patinoires, à jouer au hockey, à mettre des bûches dans le poêle du *camp*. Nous avions deux camps en bois rond, comme celui du canton Mayou dans le film. Mon père avait un cheval — Messire — et nous faisions des tours de sleigh sur la terre. Je me souviens aussi du traîneau à chiens, et mon père avait rafistolé un harnais pour que mon chien puisse me tirer. Tous ces souvenirs se ressemblent et se suivent dans le roman de mon père et ma propre enfance.

CI-CONTRE ET PAGE SUIVANTE

Moment volé et portrait père-fils hivernaux.

Canon Rebel Xsi, Instant Lab avec film I-TYPE couleur
et transfert d'émulsion sur papier Canson Montval.

Le réalisme

En visitant le « manoir des Anglais » à La Tuque, je me suis demandé quelle était la part du vrai et du faux dans le roman de mon père. Lorsqu'on lit ce chapitre au sujet du banquet, on est vite conquis par l'extravagance du lieu, sa splendeur, sa richesse, ses multiples services, son bal, sa piste de danse, son opulence. Mais lorsqu'on s'attarde au vrai lieu, on réalise assez vite que mon père a « embelli » les choses. Ses souvenirs sont autrement plus spectaculaires que la réalité.

J'ai donc choisi de faire comme lui. Pour le film, pourquoi ne pas « embellir » aussi les choses, les événements, comme si nous étions dans la tête de Félix ? Le film n'est-il pas plus attrayant avec une salle de bal magnifique avec tous ces Anglais courtois, ces lampes chinoises suspendues sur la galerie, son chemin bucolique à travers bois pour s'y rendre ? Même chose pour la forge noire comme du charbon et son « décor viril qui donne la chair de poule aux délicats » ou encore cette vallée du canton Mayou où « les soleils d'or se vautrent dans l'herbe sèche » ?

« La verrerie et l'argenterie étincelaient, nous éblouissaient. Le tranchant des couteaux reflétait comme de la glace. Les tapis aux couleurs flamboyantes étaient plus moelleux que les tapis de forêt brûlée. Fidor regardait tout cela avec un ravissement contenu ; moi, j'avais envie de pleurer. Nous ne pouvions faire un pas, la féerie nous clouait au plancher ! » (p. 91)

En vérité, ce « manoir des Anglais » était une grosse bâtisse carrée imposante en plein centre du village. Bien sûr, elle était construite en bois, possédait deux étages et l'escalier central était très imposant... mais jamais comme peut l'imaginer un garçon de douze ans. À preuve, le chemin pour s'y rendre n'existait pas ! À peine 500 mètres séparaient la maison des Leclerc du manoir. La vraie route pour s'y rendre : le chemin de fer qui passait à travers La Tuque.

En 2017, en voiture, se rendre au canton Mayou prend cinq minutes à partir du village. Et qu'en reste-t-il ? Peu de choses mis à part la forêt — que l'on pouvait croire plus vaste à l'époque —

PAGE 53

Après la messe, Garde Lemieux attend quelque chose... ou quelqu'un.

Canon Rebel Xsi, Instant Lab avec film I-TYPE couleur et transfert d'émulsion sur papier Canson Montval.

PAGE PRÉCÉDENTE

La femme du forgeron et son mari à l'église.

Canon Rebel Xsi, Instant Lab avec film 600 N&B black frame et transfert d'émulsion
et virage au sélénium sur papier Strathmore Aquarelle Série 400.

CI-DESSOUS

Félix contemple la rivière par la fenêtre du camp en bois rond.

iPhone, Instant Lab avec film I-TYPE N&B et transfert d'émulsion sur papier Canson Montval.

≪ Nous sommes tous nés, frères et sœurs, dans une longue maison de bois à trois étages, une maison bossue et cuite comme du pain de ménage, chaude en dedans et propre comme de la mie.

Coiffée de bardeaux, offrant asile aux grives sous ses pignons, elle ressemblait elle-même à un vieux nid juché dans le silence. De biais avec les vents du nord, admirablement composée avec la nature, on pouvait la prendre aussi, vue du chemin, pour un immense caillou de grève. ≫ (p. 15)

56

et le Saint-Maurice, ce cours d'eau magnifique qui n'a pas dû changer d'un iota au cours du dernier siècle, sauf pour un élément : la drave qu'on n'y pratique plus depuis les années 1970.

Le 168 rue Claire-Fontaine était sans doute une maison plus fidèle à la description que nous retrouvons dans le livre. À voir les photos existantes de cette imposante structure qui avait pignon sur rue, la description que mon père en a faite semble correspondre parfaitement. C'est au-delà de la description que l'auteur — le poète — prend le dessus avec ses liens, ses histoires, ses tournures de phrases et surtout, l'utilisation de cette langue riche qui lui appartient.

Il devenait donc important pour nous, en cours de préproduction, d'être au service de l'histoire dramatique plutôt que de la réalité de l'époque de mon père. Quand nous regardons les photos d'archives de La Tuque des années 1920, il n'y a pratiquement pas d'arbres. Ville industrielle, les maisons étaient toutes bâties avec le bois coupé sur place, les aménagements étaient tous récents. Jeune, elle était davantage une ville western qu'un village comme on le retrouve finalement dans le film. Nous avons vite réalisé que le tournage au village d'antan de Drummondville comportait bien des avantages. Oui, la forêt y est omniprésente, mais elle est jonchée d'une bonne vingtaine de maisons, toutes de la bonne époque ! Tout ce village, adapté et repensé pour notre film, devint une réelle bénédiction.

L'oncle de Québec

L'homme de la ville arrive par Québec. Le grand voyageur, l'homme instruit, ce « fonctionnaire » un peu poète fait une courte apparition dans le roman. Son passage ne laisse personne indifférent et marque à jamais tous les enfants Leclerc. Il prend la parole, attire tous les regards. Quand Oncle Rodolphe est dans la place, c'est lui que l'on écoute. Ce rare excentrique m'a fasciné dès ma première lecture quand j'étais jeune. Qui était donc cet homme et quel était le lien familial avec Léo ? Décrit comme un frère, il représente pourtant à la fois la ville, le savoir, l'art et la culture.

J'ai connu Robert Lepage assez jeune, à 25 ans. Un jour que je rentrais chez moi, un message m'attendait sur mon répondeur. Grosso modo, il disait ceci : « Bonjour, c'est Robert Lepage. J'ai vu tous tes courts métrages et j'aimerais te parler d'un projet. » D'abord je n'y ai pas cru, croyant à une plaisanterie de l'un de mes amis. Je n'ai donc pas rappelé. Plus tard dans la semaine, un deuxième message de cette même voix, plus insistant. Un doute s'installa. Et si c'était vraiment lui ? Il me donnait rendez-vous au Château Frontenac (quel cliché quand même, Robert Lepage me donnant rendez-vous au Château Frontenac, alors que son premier film, *Le Confessionnal,* se passait en grande partie dans cet hôtel). Je m'y rendis sans trop y croire,

PAGE PRÉCÉDENTE

Grégoire: «Assez fort mais pas assez grand» pour venir au canton Mayou.
Canon Rebel Xsi, Instant Lab avec film I-TYPE couleur et transfert d'émulsion sur papier Canson Montval.

« Après nous avoir embrassés et serré la main chacun notre tour, en gravant bien nos noms dans sa mémoire, il se mit à causer. Jamais les murs du salon n'avaient entendu tant d'érudition. Sa voix ronde et sonore, à la diction parfaite, au vocabulaire choisi, partait soudain d'un long éclat de rire qui nous faisait chaud comme une attisée. Il nous parla de ses affaires, du voyage, et nous apprit que nous avions des cousins et des cousines; il les nomma et les décrivit plus de dix fois. On soupa. Un vrai réveillon. »   (p. 207)

étant presque sûr qu'un ami allait sortir de l'une des portes tournantes en riant de moi.

Mais non. C'était lui. À 10 h tapant, Robert Lepage passait dans le tourniquet des grandes portes de l'entrée du Château. Assis dans les grands fauteuils de l'entrée, j'ai dû avoir l'air d'un petit animal traqué. La suite fut déterminante pour moi. Robert et moi avons coscénarisé dans la même année l'adaptation télévisuelle des *Sept branches de la rivière Ota*. Faisant quelques voyages avec la troupe d'acteurs, voyant la pièce plus de 15 fois, assistant à toutes les répétitions, j'ai eu la chance de voir travailler Robert de près. Il me confia entièrement la réalisation et ce fut pour moi l'occasion de faire un projet plus professionnel, abouti, valorisant.

Vingt ans plus tard, en adaptant le roman de mon père avec Fred, Robert fut l'un des interprètes déterminés d'avance avant même que l'on écrive une seule ligne du scénario. Pour moi, Robert était

PAGE SUIVANTE

Est-ce les lunettes de l'Oncle Rodolphe ou celles de Fred Pellerin qui ont été oubliées là?
iPhone, Instant Lab avec film I-TYPE couleur et transfert d'émulsion sur papier Strathmore Aquarelle Série 400.

60

déjà Oncle Rodolphe. Je l'entendais déjà faire son grand monologue sur la ville devant les enfants, de la même manière que je découvris son théâtre au début de ma vingtaine. L'homme derrière *La trilogie des dragons*, *Vinci* et *Les aiguilles et l'opium* allait en quelque sorte réapparaître dans mon film, grâce au cinéma, grâce à un voyage dans le temps. La boîte, le sifflet, la cloche, le fanal vinrent plus tard, une fois que Robert prit les choses en mains lors de la mise en place de la scène sur le plateau. Ce moment-là fut magique. L'homme qui m'ouvrit toute grande la porte du cinéma il y a vingt ans était encore là, devant moi, inchangé, irremplaçable.

Gaspard Lavoie, le tombeur

La toute première scène que j'ai écrite pour le film, avant même que Fred ne s'implique dans le projet, fut celle de Félix chez le barbier. Visuel et cinématographique, ce passage du livre a tout d'une scène dramatique forte pour un film. Sans en changer grand-chose, l'adaptation fut assez facile. Ce huis clos, ce lieu atypique, ce personnage mystérieux rendent à la scène une atmosphère tendue, presque glauque. Dans le roman, Gaspard Lavoie s'appelle Lucien. Il est le barbier du village, mais aussi un acteur, un performeur. Il est le tombeur de ces dames. Dans le même personnage, une dualité : l'aspect théâtral du personnage côtoie le côté concret du barbier.

Pour le film, nous avions besoin d'un arc dramatique fort qui suivrait Félix en parallèle. Nous avons donc insisté sur ce triangle amoureux

PAGE SUIVANTE

Fidor et Félix en attente devant les commerces de Messieurs Gravel et Lavoie.

Sténopé ; Holga 120 WPC, 6 × 9, f/135. Film Across 100 Neopan. 12 secondes d'exposition avec filtre jaune. Caffenol CM(+i).

« En travaillant, Bérubé chantait toujours: "J'ai pas choisi mais j'ai pris la plus belle." Fidor et moi croyions qu'il était l'auteur de cette chanson et nous étions bien heureux pour lui. Il regardait souvent par la porte dans la direction d'une proprette maison blanche qui devait être la sienne, d'où sortait de temps à autre une femme belle qui devait être la sienne. "J'ai pris la plus belle", il avait raison. Et sa chanson frêle parmi les pan! pan! terribles du marteau, semblait un oiseau pris dans la guerre. **»** (p. 58)

entre le barbier, le forgeron et sa femme. Nous avons placé Félix — comme dans le roman — seul témoin direct de tout cela. En assoyant Félix dans la chaise du barbier, en le faisant témoin silencieux d'une scène de rupture, l'auteur du roman donne au jeune Félix un secret. Pour le film, ce secret est devenu essentiel pour marquer le film d'un réel drame. Avec la mort qui rôde autour de Félix et de Fidor, nous avons, en tant que scénaristes, transformé ce secret en dénouement tragique.

Nous l'avons souvent dit, *Pieds nus dans l'aube* raconte l'histoire d'un enfant de douze ans qui côtoie dans l'espace du même été l'amitié, l'amour et la mort. C'est par Fidor qu'il apprendra la réelle signification du mot amitié. C'est par l'amante de Gaspard Lavoie que Félix entend les mots « je t'aime » en dehors de sa mère, de son père ou de ses frères et sœurs. C'est par Garde Lemieux que Félix vivra un premier amour. Et pour nous, outre celle du cheval Goliath au canton Mayou, la mort frôlera le corps et l'âme de Félix pour la première fois sur les berges du Saint-Maurice.

À la toute fin de la scène, dans le film, Félix regarde se consumer la cigarette de Gaspard. Juste avant, on entend la dernière phrase de Gaspard : « Quand tu seras grand, tu vas comprendre. » Dans le roman, Félix regarde le barbier écraser sa cigarette dans ses doigts en disant « Quand tu seras grand, fuis les femmes. » Comme quoi l'adaptation d'un roman en film transforme les choses tout en préservant l'essentiel : le sens !

PAGE PRÉCÉDENTE

Bérubé le forgeron et sa femme, à la sortie de la messe.
iPhone, Instant Lab avec film I-TYPE N&B, transfert d'émulsion sur papier Canson Montval.

Le matin du départ pour Ottawa pour Félix.

« Adieu, mon petit traîneau, mes mitaines, mes cheveux noirs, ma voix
de gavroche, la barrière, maman, les cloches de l'église, la beurrée
de pain chaud au retour de l'école, le morceau de sucre du pays!
Mon enfance était morte comme le loup du frère Adjutor. » (p. 231)

Canon Rebel Xsi, Instant Lab avec film I-TYPE N&B.
Transfert d'émulsion en diptyque sur papier Canson Montval.

PAGE SUIVANTE

Canon Rebel Xsi, Instant Lab avec film I-TYPE N&B. Transfert d'émulsion
sur papier Strathmore Aquarelle Série 400.

Le point de vue
du photographe

*« Un photographe ne fait que son autoportrait. Même quand il
photographie un poivron, c'est son portrait qu'il fait. »*

Denis Brihat, photographe nonagénaire français

*« La photographie, c'est se présenter comme personne. Le plus
intéressant, c'est ce que tu mets de toi dans ta photographie et c'est
cela qui touche les gens [...]. »*

Letizia Battiglia, photographe sicilienne de 82 ans

Quand Francis m'a demandé d'illustrer ce livre avec mes photos
en sténopé, je me suis dit que ce serait tout un défi ! J'étais très
enthousiaste, mais incertain que mes « Boîtes à trous » soient le bon
choix. La photo en sténopé demande du temps pour l'installation et
l'exécution. Ce fameux temps qui manque cruellement sur un plateau
de tournage ! Je le sais d'emblée, puisque j'y ai travaillé pendant
trente-deux ans, comme technicien. Nouvellement retraité, j'avais jeté
l'ancre de l'efficacité. Moi qui voulais désormais m'appliquer à être

PAGE PRÉCÉDENTE

**Le photographe tenant un échantillon de l'une de ses photos entre les mains.
(Garde Lemieux sous le regard inquiet de Félix.)**

zen et observateur, je me suis demandé si la frénésie d'un plateau de tournage pouvait s'adapter à l'état presque contemplatif de la photo en sténopé.

Avec le sténopé, il n'y a pas de viseur. Le cadrage se fait géométriquement et posément, selon l'expérience. Il n'y a pas d'objectif sur cet appareil, mais un minuscule trou laissant faiblement pénétrer la lumière réfléchie par le sujet. Avec mes «boîtes à trous», je fixe des instants figés et composés. Ce n'est donc pas de l'instantané et je ne mitraille pas. Cela demande une caméra stable, sur trépied. Avec plusieurs secondes d'exposition, mes comédiens devraient s'armer de patience et rester immobiles. Du temps et de la disponibilité, tout ce qu'un plateau de tournage ne peut se permettre!

Dès les premières photos, mes craintes se sont avérées justes. La pression d'agir rapidement a nui à ma concentration, de petits ennuis techniques et quelques erreurs m'ont confirmé la non-pertinence de ce choix. Pourtant, en fin de compte, les quelques sténopés réussis me plaisent énormément.

Heureusement, j'avais prévu un plan B. J'allais faire l'apprentissage d'une technique qui m'attirait depuis longtemps: le transfert d'émulsion polaroid. Des tests préalables avec un SX-70 m'ont fait réaliser que je devais traiter mes clichés dans les trente à soixante minutes suivant son développement. Transférer une émulsion polaroid demande du doigté, de la concentration et beaucoup de patience. Premièrement, il faut adapter le fichier électronique à la

PAGE SUIVANTE

Daniel Guy, photographe, mettant en scène les deux jeunes acteurs du film le temps d'une photo.

particularité du film polaroid, puis découper les rebords du polaroid, séparer le carton noir (le négatif papier) de l'émulsion qui est collé sur le plastique, le faire tremper dans deux plats d'eau à différentes températures pour enfin venir placer délicatement la fragile émulsion polaroid sur du papier aquarelle… Pas vraiment une opération à effectuer sur un plateau de tournage !

Je devrais donc conserver mes photos en mémoire, pour les traiter ultérieurement en chambre noire. En toute tranquillité, grâce à « l'Instant Lab ». Cet appareil permet d'effectuer des transferts sur polaroid, grâce à un cellulaire ou une tablette. Le cellulaire m'a donc servi à capter presque la moitié de mes photos et l'Instant Lab fut le lien vers ces transferts d'émulsion.

Cependant, même quand j'utilise du polaroid, je trouve la manière de rendre le processus lent et complexe. Ce fut la même chose avec le cellulaire, car je voulais garder mon approche sténopé, à la prise de vue, avec des cadrages et des postures à l'ancienne avec leur côté solennel.

Mes images ne sont pas une représentation du film ni des photos de plateau. En fait, je n'ai pratiquement pas fait de photos lors des mises en place ou durant le tournage. J'ai vite senti que j'avais une nouvelle place à tenir, sans trop m'imposer. Disparu, ce siège privilégié en première loge du plateau que m'offrait mon métier d'assistant caméraman. Malgré tout, après quelques jours, un thème est venu s'implanter dans mes photos : j'allais suivre le regard du jeune Félix sur l'amitié, la mort et l'amour.

PAGE PRÉCÉDENTE

Dernier regard pour Félix vers son ami Fidor, le matin de son départ.
iPhone, Instant Lab avec film 600 N&B. Transfert d'émulsion sur papier Strathmore Aquarelle Série 400.

CI-DESSOUS

L'Instant Lab.

PAGE SUIVANTE

Transfert d'émulsion en cours.

Serie 400 | Meilleur
Serie 400 | El mejor
Strathmore
Watercolor
Watercolor paper
Papier à aquarelle
Papel de acuarela
12 sheets, feuilles, hojas

À chacune de mes présences sur le plateau, j'avais une idée assez précise de l'image que je voulais faire. Je restais à l'écart, je confrontais cette image imaginée avec la réalité du décor, l'ambiance du plateau et l'éclairage du moment pour ensuite faire ma demande à l'équipe de la réalisation. À l'extérieur du plateau, j'attendais pendant des heures la venue des comédiens pour, finalement, disposer de cinq à dix minutes avec eux afin d'élaborer « La Photo » ! Avec, en prime, un peu de pression pour que je les libère rapidement pour un changement de costumes, pour les laisser respirer, entre deux séquences, ou aller à la pause repas...

Je me rappelle cette photo en sténopé que je voulais faire avec Justin (Félix), son petit frère Grégoire (Xavier) et Guy Thauvette (Oncle Richard). J'avais disposé Guy et Alex, côte à côte, tenant un godendard. Justin, à l'arrière, leur jetait un regard affectueux. J'avais attendu les comédiens pendant presque six heures. Le tournage se déroulait à l'intérieur. Le manque de place et l'intimité des scènes m'interdisaient d'y être. Soudainement, mes trois sujets arrivent, suivis de toute l'équipe. Le prochain décor se trouvait juste derrière moi ! J'avais donc cinq minutes à ma disposition, pas plus ! Mise en place et changement de costumes obligent. Je positionne donc mes trois comparses en leur demandant de rester immobiles. Sur son trépied et parfaitement cadré, mon appareil sténopé s'était presque enraciné devant l'immense pin et les cordes de bois constituant mon décor. Oups ! Un sac de plateau dans le cadre ! Je me déplace pour

PAGE SUIVANTE

Oncle Richard, Grégoire et Félix à l'arrière-plan.
Sténopé ; Zeroimage 6 × 9, f/235. Film Across 100 Neopan « push one stop ». 15 secondes d'exposition. Développement du négatif au Caffenol CM(+i).

Daniel Guy parmi les arbres. En serait-il un lui-même?

l'enlever, je me retourne et HORREUR, trois, je dis bien TROIS photographes entourent mon appareil et me volent littéralement la photo. Schlic! Schlic! Schlic! Autant de coups de poignard dans mon imaginaire subtilisé du bout des doigts! C'était la journée des médias! Dans les jours suivants, j'ai pu voir ma mise en scène dans les journaux. Je n'avais que cette photo à faire, cette journée-là. Mieux valait en rire qu'en pleurer…

Quoi qu'il en soit, j'ai appris énormément avec ce projet. J'ai compris que je ne suis pas un communicateur et que je me dois d'améliorer cet aspect. Mille excuses aux comédiens pour les avoir mis en scène avec si peu d'informations et d'indications. Absorbé par les difficultés techniques, je les ai souvent déstabilisés par ma timidité et mes silences. Je les remercie tous pour leur patience. J'espère qu'ils aimeront le résultat.

* * *

Je regarde ce que j'ai choisi d'illustrer dans cette histoire, les moments ou les sentiments qui ont attiré mon attention, les personnages que j'ai préféré suivre, l'interprétation de ce qui me semblait beau et important et, aussi, ce que j'ai choisi de ne pas traiter. Je m'aperçois que je me dévoile, que j'exprime ce que je suis beaucoup plus que je ne l'aurais cru.

J'ai tenté de raconter et de livrer des sentiments en construisant souvent mes images pour qu'elles s'appuient les unes sur les autres en diptyques ou en triptyques. « La découverte de la morte » et le regard que pose Fidor sur sa condition en sont des exemples.

Je dois avouer que je n'ai jamais regardé les cadrages que Steve, le directeur photo, et Francis, le réalisateur, concoctaient. C'est en voyant la bande-annonce que j'ai pris conscience que le film était tout en ouverture avec un cadrage anamorphique. Mes images étaient, pour la plupart, en format carré, car je voulais jeter un regard intime sur les personnages. J'avais envie de suivre la réflexion du jeune Félix sur son entourage et sur ce qu'il s'apprêtait à quitter. Ce dernier est plus contemplatif sur mes photos que dans le film.

La vie, le bonheur, le drame et le rire se côtoient dans le long métrage alors que ma vision est plus empreinte de nostalgie, parfois de tristesse, avec un regard sérieux sur cette amitié qui me touche tant. À la fin du tournage, après avoir vu quelques-unes de mes photos, Francis m'a écrit : « C'est pas le film, mais en même temps, ça l'est. Et c'est ça qui est fantastique ! » Merci Francis de m'avoir fait confiance et permis d'aller au bout de ce projet formidable.

Merci à Marie-France Simard
de m'avoir prêté son Polaroid SX-70.

Merci à Suzanne Labrecque
de m'avoir offert son vieux cellulaire.

Merci à ma douce, Stella Goulet, de m'avoir aidé
durant tout ce processus de création.

PAGE SUIVANTE
Canon Rebel Xsi, Instant Lab avec film 600 N&B.
Transfert d'émulsion sur papier Strathmore Aquarelle Série 400.

PIEDS NUS DANS L'AUBE

Extrait du scénario
D'après le roman de Félix Leclerc

Écrit par
Francis Leclerc et Fred Pellerin

© Attraction images inc. 2016

Le père Léo et Félix attendent à la gare, assis sur un banc,
bien emmitouflés dans leurs manteaux. Les gens vont et
viennent autour d'eux, pressés de se déplacer pour chasser le
froid. Peignés, brossés, endimanchés, père et fils attendent
l'arrivée du prochain train. Félix est pensif.

> LÉO
> (qui lit dans le silence
> de son fils)
> Tu peux parler.

> FÉLIX
> (sortant sa crotte sur le
> coeur, sur un fond de
> colère)
> À l'école, ils nous ont fait passer
> un test pour savoir s'ils vont nous
> envoyer au collège.

> LÉO
> On m'a dit ça. C'est pour le cours
> classique, c'est ce qui se donne
> dans les plus grandes écoles. C'est
> le chemin pour la grande
> instruction.

> FÉLIX
> (étonné que son père soit
> en accord avec l'idée)
> C'est pour le collège d'Ottawa,
> papa!

> LÉO
> C'est comme ça que ça fonctionne.
> Il faut être accepté par un collège
> d'abord.

> FÉLIX
> (dépassé)
> Mais Ottawa...

> LÉO
> Tu sais c'est où?

> FÉLIX
> Pas trop.

> LÉO
> Donc tu peux pas savoir...

> FÉLIX
> Mais tout seul... Sans vous...

                         LÉO
              T'as pas envie de ça, les voyages?

                         FÉLIX
              C'est pas le voyage le problème...

                         LÉO
                    (se voulant rassurant)
              Je sais que ça paraît loin, mais
              une fois installés là-bas, vous
              êtes logés, nourris, sur place.
                    (cherchant une réaction
                     dans les yeux de son
                     fils)
              Et puis tu as l'intelligence. Et la
              santé. Dans la famille, c'est toi
              qui es le mieux taillé pour les
              études. Ce serait la meilleure
              place pour toi, Félix.

Un temps. Félix inquiet. Des gens qui passent.

                         FÉLIX
              C'est comment Ottawa?

                         LÉO
              Ottawa?
                    (un temps)
              Ottawa, c'est la grande capitale.
              C'est là que le Canada se décide.
                    (avec un léger sourire)
              C'est comme ta mère pour notre
              famille.

                         FÉLIX
              Mais ils parlent tous anglais?
              Comme les boss au village?

                         LÉO
              Comme les boss. Ils partagent la
              langue des affaires. C'est pour ça
              qu'il faudra que tu apprennes à le
              parler, l'anglais.

                         FÉLIX
              Je peux déjà comprendre un peu.

                         LÉO
              Comprendre, oui... Mais il faudra
              que tu saches répondre, surtout.

Un temps.

                              FÉLIX
                    Puis Québec?

Un sifflement se fait entendre. Le train de 15h arrive en
gare.

                              LÉO
                    Québec? C'est comme mon oncle
                    Rodolphe.

Père et fils se retournent pour regarder la grande locomotive
entrer en gare.

16   **INT. NUIT / SALON**   16

La présence de l'oncle Rodolphe dans la maison provoque un
vrai tourbillon. Les enfants tournent autour de lui comme
s'il était une ruche. Il distribue des cadeaux et répond aux
questions des enfants avec aisance. Sa voix, ronde et sonore,
à la diction parfaite, au vocabulaire choisi, sait capter
l'attention de tous.

À un certain moment, le brouhaha se calme et une discussion
ressort du lot.

                              FÉLIX
                    Et les transistors mon oncle, c'est
                    quoi au juste?

                         ONCLE RODOLPHE
                    Les transistors sont des
                    dispositifs conducteurs qui
                    amplifient les oscillations
                    électriques qui permettent à des
                    petites boîtes posées dans nos
                    maisons d'émettre des sons, des
                    mots.

Félix, tout comme ses frères et soeurs, ne comprend rien à sa
réponse et reste bouche bée. Voyant cela, Oncle Rodolphe
décide de s'y prendre autrement. Il prend une boîte de pommes
vide juste à côté de lui. Il met sa tête dedans et le son de
sa voix est soudainement feutré.

                    ONCLE RODOLPHE (SUITE) (CONT'D)
                         (jouant sur ses effets,
                          prenant une voix
                          nasillarde d'annonceur)
                    Allo allo les gens de La Tuque,
                    m'entendez-vous? Vous ne me voyez
                    pas mais les ondes vous permettent
                    de m'entendre.
                         (MORE)

                    ONCLE RODOLPHE (SUITE) (CONT'D)
          Je ne suis pas un phonographe, je
          ne suis pas un cinématographe, je
          suis ce qu'on appelle simplement:
          une radio.

Il fait semblant de syntoniser un poste avec sa main en
tournant un bouton imaginaire. Félix est fasciné par la mise
en scène de son oncle. Léo et Fabiola se regardent,
complices.

                    ONCLE RODOLPHE (SUITE) (CONT'D)
          Et maintenant, les nouvelles
          internationales: c'est désormais
          officiel, l'aviateur Charles
          Lindbergh essaiera d'effectuer la
          première traversée aérienne de
          l'océan Atlantique ce printemps. Il
          compte partir de la ville de New
          York pour se rendre à Paris, en
          solitaire et ce, sans escale.

Il syntonise un autre poste.

                    ONCLE RODOLPHE (SUITE) (CONT'D)
          Cette nuit pour Québec, nous
          annonçons un grand froid qui figera
          complètement le Cap Diamant. Demain
          matin, attention aux engelures si
          vous sortez vos chevaux ou encore
          vos voitures à moteur.

Les enfants sont curieux et étonnés. Rodolphe retire la boîte
qui couvrait sa tête et reprend sa voix normale.

                    JEAN-MARIE
          Ça parle toujours?

                    ONCLE RODOLPHE
              (sur un ton mystérieux)
          S'il y avait juste des voix là-
          dedans... Mais non! Il y a des
          fois, il en sort même... de la
          musique.

Il fait signe à Anne-Marie, assise au banc du piano, de jouer
quelque chose pour clore son numéro. Elle improvise une
finale en riant, comme si c'était la fin d'un bulletin
d'actualités.

Tout le monde applaudit.

Félix déplie une carte géographique et la pose sur la table
basse du salon tout juste devant Oncle Rodolphe.

                    FÉLIX
          Et la ville dont vous parlez, c'est
          où, mon oncle?

L'oncle Rodolphe examine la carte.

                    ONCLE RODOLPHE
          Tout ça à droite, c'est la province
          de Québec! Et quand c'est écrit
          plus gros, ce sont des villes!
          Soulignée en plus, c'est la
          Capitale!

Félix, avec quelques têtes de frères et de soeurs qui
s'approchent à ses côtés, cherche quelles villes sont
soulignées. Ottawa l'est, mais pas Montréal.

                    FÉLIX
          Montréal, c'est pas la Capitale?

                    ONCLE RODOLPHE
          Non. Au Québec c'est la ville de
          Québec. Pour le Canada, c'est
          Ottawa.

                    FÉLIX
          Puis les États-Unis? Puis Paris?
          Puis New York?

                    ONCLE RODOLPHE
               (faisant des grands gestes
                comme s'il avait une
                carte imaginaire
                suspendue)
          Faut pas tout mélanger, Félix. Là,
          c'est complètement d'autres
          familles. Il y a les voisins
          américains, les Anglais, ceux de la
          lointaine Angleterre, les Canadiens
          anglais qui habitent juste en face…

L'oncle Rodolphe réfléchit en se frisant la moustache. Il se
lève et prend la grande lampe à l'huile suspendue qui
éclairait toute la pièce. Il fait signe à Anne-Marie de
reprendre le piano. Elle s'exécute aussitôt.

                    ONCLE RODOLPHE (SUITE) (CONT'D)
               (sur un ton théâtral)
          La ville, c'est le peuple rassemblé
          autour des usines. C'est
          l'entassement des maisons collées
          comme un jeu de cartes.
                    (MORE)

ONCLE RODOLPHE (SUITE) (CONT'D)
C'est la terre qui est cachée en
dessous des pavés et qui se montre
le bout du nez à la hâte dans les
parcs et les avenues.

Il marche dans la salon en changeant l'éclairage autour de
son visage. Parfois il devient une ombre. L'ambiance qu'il
crée est fascinante, magique. La lumière bouge sur tous les
visages qui l'écoutent. On entend que lui.

ONCLE RODOLPHE (SUITE) (CONT'D)
La ville, c'est du monde qui va à
droite, du monde qui va à gauche.
Le monde qui va à droite ne connaît
pas le monde qui va à gauche. Ça ne
se connaît pas. Ça ne se parle pas.
Et ce n'est pas à cause de
l'obscurité que les gens ne se
connaissent pas, parce que des
soleils, il y en a de toutes les
couleurs qui pleuvent dans les
rues. S'ils ne se connaissent pas,
c'est à cause de… je le sais pas.

Rires discrets ici et là. Rodolphe souffle et se reprend, en
feu.

ONCLE RODOLPHE (SUITE) (CONT'D)
La ville, c'est l'attente pour la
cloche, la sonnerie, le sifflet qui
te dit : « Lève-toi, viens là, puis
fais ça, va dîner; c'est tout,
bonsoir. » Et ça recommence, comme
ça, à tous les jours, sans fin.
            (puis, devenant plus
            sombre)
La ville, c'est un cri que personne
n'entend; c'est un lourd silence
qui roule des bruits
insupportables. La ville, c'est...
Des milliers de muscles qui
travaillent, puis des morceaux
d'angélus perdus dans le rire des
cabarets.

Anne-Marie, qui suivait parfaitement le texte, termine
dramatiquement le passage. Les enfants sont soufflés. L'oncle
Rodolphe, replace la lampe au-dessus des têtes, enlève ses
lunettes et les regarde un moment. Court silence.

ONCLE RODOLPHE (SUITE) (CONT'D)
Votre vallée est plus lumineuse que
notre ville. Plus tard, vous
verrez.

Oncle Rodolphe fixe la carte et y pointe des barres rouges avec ses lunettes. On voit qu'elles continuent à travers la verdure de la carte. À ces endroits pourtant: pas de routes.

                    ONCLE RODOLPHE (SUITE) (CONT'D)
          C'est quoi, les barres rouges?

Rodolphe jette un oeil vers Léo. Félix fronce les sourcils pour porter un regard curieux vers la carte. Petit moment suspendu.

                    FÉLIX
               (excité)
          C'est le chemin vers le canton
          Mayou. Hein papa?

                    LÉO
          Les barres rouges, c'est ce qu'on
          ne connaît pas encore. C'est pas
          important...

Léo retourne à la cuisine, comme pour ne pas en dire plus devant tous les enfants. Rodolphe le regarde s'éloigner, perplexe.

                    ONCLE RODOLPHE
               (brisant le silence,
                reprenant un ton
                théâtral)
          Cette carte est remplie de
          découvertes! Tout ce qui déborde
          des chemins est une invitation aux
          prochains voyages. Les hommes que
          nous sommes ont trouvé à tracer des
          passages entre les mondes. Nous
          avions fait le tour de la boule,
          mais l'inconnu marchait avec nous!

Rire de tous. Il termine en regardant droit dans les yeux Lédéenne. Elle se lève et s'amuse à imiter l'oncle Rodolphe en mettant son chapeau. Elle le cite en reprenant ses gestes.

                    LÉDÉENNE
               (prenant le même ton
                théâtral)
          C'est la terre inconnue, les
          enfants. C'est le peuple qui va à
          droite, c'est le peuple qui va à
          gauche.

Elle pointe Grégoire avec la canne.

                    LÉDÉENNE
          Lève-toi, viens là.

Elle se penche vers lui et mime le geste de l'écouter avec
intérêt. Son petit frère, gêné, ne dit rien.

                    LÉDÉENNE (SUITE) (CONT'D)
                 (sur un ton mystérieux)
            C'est un cri que personne
            n'entend...

Elle continue son imitation et fait rire ses frères et soeurs
sous le regard amusé de son oncle. Félix lui, ne suit plus
trop le spectacle. Il fixe son père dans la cuisine qui,
debout devant la fenêtre, semble ailleurs dans ses pensées.

17   **INT. JOUR, PETIT MATIN / CUISINE**   17

Léo prend deux tasses dans l'armoire et prépare le premier
café de la journée. Rodolphe vient visiblement de se lever et
vient s'asseoir à la grande table.

                    ONCLE RODOLPHE
                 (en montant ses bretelles
                   aux épaules)
            Il est tôt! Tu te lèves toujours à
            cette heure-là Léo?

                    LÉO
            Toujours. J'aime ce moment-là.
            Quand la ruche dort encore. Juste
            avant la débâcle. Je peux penser à
            ma journée tranquillement!

Rodolphe s'assoit et regarde la grande carte avec les barres
rouges de la veille qui a été laissée là sur la table.

                    ONCLE RODOLPHE
            Ça te reprend, Léo?

Sourire en coin, tentant de diminuer l'importance qu'accorde
Rodolphe à ses intentions, Léo verse du café et prend bien
son temps avant de répondre.

                    LÉO
            Voyons. Tu sais bien. C'est juste
            pour me donner une idée de tout ce
            qui est encore neuf, de ce qu'aucun
            chemin a encore touché.
            J'ambitionne pas de tout faire ça
            moi-même!

Il lui donne son café et vient s'asseoir lui aussi.

                    ONCLE RODOLPHE
            Pourquoi tu veux t'en aller?

Un temps.

                    LÉO
          Tu le sais, Rodolphe... Quand les
          choses se mettent à virer
          rondement, je trouve plus l'intérêt
          à rester.

                    ONCLE RODOLPHE
          Tu es pourtant bien, ici. Tu
          pourrais te trouver une place, pour
          vrai, pour de bon. Tout le monde te
          connaît dans le village.

                    LÉO
          Me trouver une job?

                    ONCLE RODOLPHE
          Oui, une job. À l'usine. Ou dans le
          bois... Un salaire, une
          stabilité... Avec l'idée d'une
          ligne d'arrivée. Avec la réputation
          que tu as, tu pourrais être boss.

                    LÉO
          Les boss, c'est les Anglais.

                    ONCLE RODOLPHE
          Je te comprends pas. Juste de
          partir de Québec pour venir vous
          voir, ça me prend tout mon petit
          change. Alors de penser que
          quelqu'un puisse partir pour un
          endroit qui existe pas...

Léo écoute, soufflant sur son café chaud.

                    LÉO
          Tous mes outils sont prêts. Tout
          mon attirail est accroché en haut
          de l'écurie.

                    ONCLE RODOLPHE
          Fabiola est au courant?

                    LÉO
          Bien sûr. Mais les enfants, pas
          encore. Peut-être cet automne. On
          verra.

                    ONCLE RODOLPHE
          Tu plantes des maisons comme un
          jardinier plante des choux.

                    LÉO
        Chacun son métier. Le mien, c'est
        de bâtir des villages. Ici, ça
        marche tout seul, alors je vais
        finir par m'en aller. Bois pendant
        qu'il est chaud!

Gorgée.

                ONCLE RODOLPHE
        Pour Félix, j'ai eu réponse de mon
        collègue à Ottawa. Ils vont le
        prendre en septembre prochain.

                    LÉO
            (heureux de l'entendre)
        C'est vrai? T'es sûr qu'il a tout
        ce qu'il faut?

                ONCLE RODOLPHE
        Je suis pas inquiet pour lui. Il
        sait lire dans nos gestes, sa tête
        travaille sur tout ce qu'il voit.

                    LÉO
        Merci, Rodolphe.

On découvre Félix, qui se tenait silencieux juste à côté,
tout en haut de l'escalier. Entendant ça, ses yeux deviennent
pleins d'eau. Son dernier espoir de rester avec sa famille
s'envole. Il baisse la tête.

18   **INT. JOUR / SALON ET BUREAU DE LÉO**   18

Félix et Jean-Marie sont en train de jouer au Parchési sur le
tapis du salon. Dés, pions. Les gars sont pris par leur jeu.
Réactions à chaque fois que l'un des deux jette les dés.

                    LÉO
            (assis à son bureau,
             regardant par la fenêtre)
        Les garçons, y a Monsieur le Curé
        puis son vicaire qui sont là pour
        récupérer leur bête. Il faudrait
        aller la préparer.

Les gars entendent. Jean-Marie se lève, Félix lance les dés,
Jean-Marie se rassoit. Un temps. La cloche sonne dans la
cour. Léo apparaît dans le salon.

LÉO (SUITE) (CONT'D)
Ils vous attendent, les gars. Le
marché, c'est que vous allez
atteler.

JEAN-MARIE
On arrive, on arrive...

Les gars abandonnent leur jeu. Sous le regard de Léo, ils
marchent vers la porte, le pas lent, enfilent leur veste,
mettent leurs bottes sans les lacer et sortent.

19   **EXT. JOUR / ÉCURIE**   19

Sous le regard distrait du CURÉ et du VICAIRE, Jean-Marie a
commencé à installer des courroies de cuir sur un cheval.
Félix vient près de l'écurie pour découvrir sous une bâche le
traîneau à atteler. Léo sort sur la galerie pour se joindre à
la bande.

LÉO
(aux deux hommes, avec un
sourire)
C'est le beau soleil qui vous fait
sortir?

LE CURÉ
Un beau jour pour sortir, en effet,
mais les raisons qui nous obligent
à le faire sont un peu tristes.

LE VICAIRE
Monsieur le Curé va porter la
communion à la femme du forgeron
qui est souffrante.

Félix tend l'oreille, curieux. Il arrête même sa tâche pour
mieux entendre la discussion.

LÉO
J'en ai entendu parler un peu...

LE CURÉ
Ah! Elle n'est pas mourante, mais
j'avais promis. C'est une fidèle,
une paroissienne exemplaire.

LÉO
Tout à votre honneur, M'sieur le
Curé.

Les hommes acquiescent, souriants. Félix sort de sa rêverie et Jean-Marie vient de finir d'atteler le cheval sur le traîneau.

> LÉO
> Mes gars sont à leur affaire, hein?

> FÉLIX
> On s'excuse si on vous a fait
> attendre un peu.

> LE CURÉ
> Ah! Nous ne sommes pas pressés!

> JEAN-MARIE
> (un brin menteur)
> On vous avait pas entendu arriver.

Félix sort de l'écurie avec la fourrure qui va recouvrir le banc du traîneau.

Deux jeunes infirmières passent devant la cour des Leclerc. GARDE LEMIEUX, la plus remarquable, est belle comme le jour. Elle a un regard vif, des cheveux foncés ramenés en chignon avec des mèches qui tombent sur les épaules. GARDE BEAUDOIN, à côté de Garde Lemieux, passe plutôt inaperçue. Elles saluent. Garde Lemieux fait un grand sourire à Félix qui s'arrête de marcher. Il rougit un peu, même si ce n'est pas la première fois qu'il la voit.

> JEAN-MARIE (SUITE) (CONT'D)
> Félix, viens m'aider!

Félix sort de la lune et reprend sa besogne. La caméra recule et nous montre l'écurie et les garçons qui s'affairent.

20 **EXT. JOUR / PROMENADE DANS LA VILLE**   20

Passage à l'été. Suite de plans fixes qui marquent en ellipses divers moments d'une même promenade entre Félix et Fidor. Même cadre, mêmes positions des deux personnages dans le cadre. Centrés, ils avancent vers nous en longue focale, accompagnés par le chien de Félix. Ce passage est accompagné d'une musique.

On commence le segment au centre du village, non loin de la maison de Félix. Les deux amis se rejoignent au centre du cadre. Fidor attendait Félix devant chez lui. Des habitants passent: en calèche, en voiture, à pied.

Puis, ils quittent le village. Derrière eux, des bâtiments et quelques habitants. À l'avant-plan, une grande croix blanche.

Ils marchent dans un champ ou un sentier. À l'extrémité d'un cadre, on peut voir le St-Maurice qui laisse passer lentement une quantité impressionnante de billots de bois (drave).

La marche se poursuit ensuite, mais au centre d'un rail sur un chemin de fer.

Félix et Fidor sont maintenant sur un sentier où la forêt, dense, leur fait un toit de feuillage arrondi au-dessus de leur tête.

21   **EXT. JOUR / GRILLE DU MANOIR DES ANGLAIS**   21

Le trajet se termine devant une immense grille en fer forgé fermée à clef: voilà l'entrée principale du Manoir des Anglais. Derrière elle, un chemin de gravelle impeccable où on peut apercevoir au bout de celui-ci un coin du Manoir, caché derrière des arbres.

> FIDOR
> (prenant les barreaux dans
> ses mains)
> Es-tu déjà allé de l'autre côté?

> FÉLIX
> Non. Mais j'ai vu des photos. C'est beau, hein? Un vrai château!

> FIDOR
> Pfff. Les riches. Les Anglais. Ils ont toute. Viennent ici sur nos terres pis ils mettent des cadenas à leurs portes. Comme s'ils avaient peur qu'on décide de reprendre ce qui est à nous autres.

> FÉLIX
> T'en connais toi, des Anglais?

> FIDOR
> Non.

Fidor lâche les barreaux et reprend sa marche sur le sentier, comme s'il ne voulait pas continuer la discussion. Avant de poursuivre leur promenade, Félix sourit d'étonnement devant le ton radical emprunté par son ami.

> FIDOR (SUITE) (CONT'D)
> (après un temps)
> T'es chanceux, tu sais, Félix.

> FÉLIX
> Pourquoi?

Un temps. Fidor est songeur.

                    FIDOR
          T'es chanceux parce que tu vas
          aller au canton Mayou.

                    FÉLIX
          Ah oui, je sais. Un jour on va
          t'emmener c'est sûr. Mon père va
          vouloir, je le connais.

                    FIDOR
               (sans regarder son ami,
                tout en marchant avec
                assurance)
          J'aimerais ça. Mais ce que
          j'aimerais le plus, c'est partir
          pour vrai.

                    FÉLIX
          Pour vrai? Pour de bon? Pour aller
          où?

                    FIDOR
          N'importe où. Une grande ville.
          Montréal, Trois-Rivières.

                    FÉLIX
          Tu sais qu'il y a des villes où ça
          parle anglais?

                    FIDOR
          Ben oui, je sais.

                    FÉLIX
          Mais t'irais pas là?

                    FIDOR
          Même là, oui!

Avant de reprendre la marche, Félix s'arrête un instant,
pensif. Il n'ose pas encore dire à son ami qu'il partira pour
Ottawa à la fin de l'été.

                         * * *

Entrevue avec Francis Leclerc

Propos recueillis par Patrick Douville pour la Fabrique culturelle*

Photos de Dominic Gauthier

Q. — Le livre est tellement poétique, comment transposer cela à l'écran ? Avez-vous songé à mettre de la narration ?

R. — Mon père a écrit au-delà de quinze livres et surtout des recueils de poésie, de fables, de pensées. *Pieds nus dans l'aube*, c'est un roman, ce n'est pas un recueil de poèmes. La vraie poésie se retrouve dans les descriptions, le choix des mots. Il fallait la transposer à l'écran sans utiliser nécessairement les mots de mon père, essayer de la traduire par le biais du cinéma. Au départ, on ne voulait pas du tout de narration. En éliminant volontairement la voix off, on avait affaire à un film dramatique, classique qui repose essentiellement sur les actions et les dialogues. Après avoir écrit un premier jet de structure, Fred Pellerin a accepté de dialoguer des scènes. Quelques essais sur plusieurs scènes plus tard, il a réussi à trouver un ton, une justesse dans les dialogues. Je lui avais demandé d'écrire

---

* Réalisation de Simon Laganière. Ces extraits sont reproduits avec l'aimable autorisation de La Fabrique culturelle.

ni du Fred Pellerin ni du Félix Leclerc. D'essayer de trouver quelque chose d'intemporel, d'unique, qui évacue un peu le côté vieillot du roman. Je ne voulais pas non plus un film trop bavard où tout se règle par les dialogues. Je voulais aussi un film d'images, avec de nombreux moments silencieux.

Q. — Vous avez pris certaines libertés par rapport à l'œuvre originale. Y a-t-il certains moments où vous avez senti une certaine pudeur? Vous êtes-vous empêché de faire certaines choses?

R. — Non, Fred a toujours dit qu'avec *Pieds nus dans l'aube*, qu'en étant son fils, je lui ai permis de rentrer par la porte d'en arrière, pas par la grande porte d'en avant où c'est intimidant et que j'avais la clef de la maison pour le faire. C'était important de ne pas s'interdire quoi que ce soit, de prendre des libertés. Il y a des personnages que nous avons écartés, il y a des personnages qu'on a ramassés. Le roman est écrit sur vingt chapitres séparés, un peu écrit comme des nouvelles. On trouvait qu'il manquait d'uniformité pour en faire un film tel quel, donc, on s'est permis de mettre de l'ordre dans le roman, de le rendre plus chronologique, plus fluide. On a vu ça comme un «work in progress» que mon père m'aurait légué. Je ne pense pas qu'il aurait été bien offusqué que l'on joue avec sa structure. Je ne dis pas que ça aurait fait un meilleur roman s'il avait été raconté dans un ordre plus précis, mais pour un film, on n'avait pas trop le choix de structurer notre histoire chronologiquement, en lui trouvant des rebondissements dramatiques plus définis.

Le père Léo dans son bureau et son fils Félix.

Q. — Puis au cours du tournage, y a-t-il des moments où vous vous êtes dit : *j'aurais envie de parler à mon père ou j'aurais besoin de son avis* ?

R. — Ça va faire bientôt trente ans qu'il est mort. Comment dire... Je n'ai absolument pas une pensée judéo-chrétienne. Le jour où il est mort, je n'ai jamais même pensé qu'un jour, j'allais le revoir. J'avais presque 17 ans quand il est mort. Est-ce que j'ai eu besoin de lui dans ma vie ? Certainement. Est-ce que j'ai pensé à lui pendant l'écriture de *Pieds nus dans l'aube* ? Bien sûr. Mais est-ce que j'aurais voulu

Garde Lemieux au Bal des Anglais.

«Je ne comprenais pas cette chose compliquée: l'amour. — Si tu avais à t'arracher le cœur pour une femme, le ferais-tu? Avais-je finalement demandé à Fidor.» (p. 68)

lui poser des questions au sujet de certaines choses qui se passent dans le roman? Honnêtement, ça ne m'est jamais venu à l'idée de vouloir l'aide de mon père... Dans ma tête, j'ai eu plutôt besoin de Fred bien avant, tout simplement parce qu'il est bien vivant, lui! Fred est pour moi un être complètement à part au Québec. C'est quelqu'un que j'admire énormément. On dirait qu'il voyage dans le temps: il se promène d'une époque à l'autre en étant capable d'être en 2016 et en même temps en 1824. Ce que je veux dire, c'est qu'il y a quelque chose d'intemporel chez lui. Je n'en connais pas d'autres comme ça au Québec. En plus, il est plus jeune que moi, il fait du

La band Dixie au travail! (Luc Sicard et Martin Léon).

Léo, debout dans son bureau.

«Son père lui avait transmis
la haine du facile. Joyeusement,
il tournait le dos aux choses
confortables.» (p. 70)

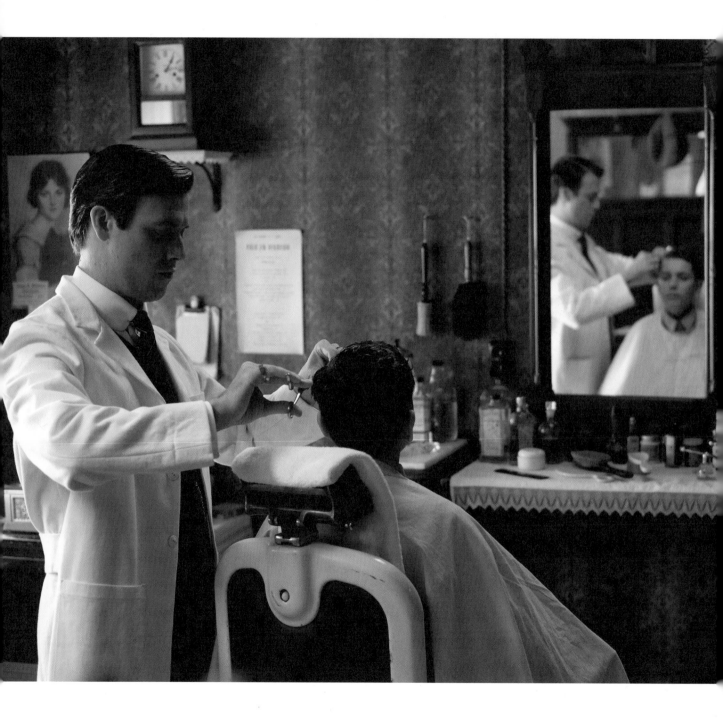

bien à notre culture, il fait du bien à notre langue, il fait du bien à notre pays. Il était tout indiqué que j'aille le chercher pour *Pieds nus dans l'aube*. Il a bien voulu plonger là-dedans — non sans questionnements ou craintes —, mais on s'est vite rendu compte que de travailler ensemble était juste naturel. On ne s'est pas beaucoup posé de questions en cours de route. On avançait et toute l'étape de l'écriture, de l'adaptation, a été très simple. Je ne pense pas que ça va s'arrêter là, je pense qu'il y aura d'autres affaires qu'on fera ensemble.

Q. — Peut-être l'adaptation d'un autre livre de Félix?

R. — Non, je ne pense pas. Pour moi, ça m'a pris vingt-cinq ans à me débarrasser de l'image du père; j'ai réussi avec le temps, en faisant mes affaires, en ne voulant pas profiter du tout de l'aura de mon père, de sa célébrité. Je me suis toujours battu pour ne pas me dire que c'était mon père, pour faire mon chemin tout seul. C'était important en tant qu'artiste, en tant que réalisateur. Là, avec la maturité, avec les enfants aussi dans ma vie, ça t'amène à penser à la famille. Mon père m'a laissé plein de choses et l'une des choses que je préfère, c'est son roman *Pieds nus dans l'aube*. Alors, pourquoi pas en faire un film? Après ça, faire un autre de ses romans, ça ne m'intéresse pas. Ce serait comme refaire quelque chose et lui enlever par le fait même son aspect unique. Je ne ferai jamais de biographie sur lui non plus, ça m'intéresse encore moins.

PAGE PRÉCÉDENTE
Gaspard Lavoie, barbier.

Q. — Si quelqu'un d'autre avait fait le film à votre place, comment auriez-vous réagi?

R. — Ça dépend qui. Peut-être que d'autres réalisateurs auraient fait *Pieds nus dans l'aube* mieux que moi, on ne le saura jamais. À moins qu'on décide de le refaire dans dix ou vingt ans, mais je ne pense pas que cette histoire va être re-racontée de sitôt. C'est le premier film issu d'un roman de mon père et je suis content d'être le premier à avoir eu l'idée de le porter au grand écran.

Q. — Pour qui faites-vous le film?

R. — Je le fais pour n'importe qui qui aime une belle histoire. Je le fais surtout pour le public québécois avant tout, mais je pense aussi que, par exemple, si un Scandinave voit un jour mon film, il va se reconnaître parce que c'est un pays d'hiver, de chevaux, d'horizons lointains. Le Scandinave, lui, ne sait pas qui est Félix Leclerc, le chanteur. S'il s'attarde au générique, il va voir que le film est une adaptation d'un roman, mais ça va en rester là. Pour un Québécois, il y aura sans doute des attentes. Plusieurs ont lu le roman à l'école. Ceux qui l'ont lu savent à quoi s'attendre. Pour ceux qui ne savaient pas que mon père écrivait aussi des livres, ils seront peut-être déçus parce que ce n'est pas la vie de Félix Leclerc que je leur offre. Non, « Le petit bonheur » ne jouera pas au début du film. C'est la vie de Félix à douze ans, avant même qu'il ne sache jouer de la guitare. On le voit jouer de l'harmonica, on le voit chanter à l'église, mais ça en

PAGE SUIVANTE
Altercation entre les chiens de Léo et de Bérubé.

La technologie sur le tournage: Guy Thauvette entouré de Julien, Justin et Agathe.

PAGE SUIVANTE

Justin, preneur de son temporaire.

reste là. Je ne lui fais pas dire des grandes phrases où il a l'air d'un prophète ! C'est la vie réaliste d'un jeune enfant, observateur, un peu rêveur, doué pour les arts, quelque part en 1927.

Q. — Y a-t-il une scène que vous avez tournée qui a été plus difficile, ou qui vous a surpris, qui vous a donné complètement autre chose que ce que vous aviez prévu au départ ?

R. — Avec le temps, j'ai arrêté de me faire une idée trop précise du résultat final avant même de le tourner. Parce qu'on est toujours déçu ! Si on se fait trop d'idées sur une scène, on ne se laisse plus surprendre. Puis quand vient le temps de la tourner, on risque de passer à côté de plein de choses. Ça ne veut pas dire de ne pas se préparer et de ne pas savoir ce que l'on veut faire. J'ai toujours un

plan établi, un découpage pour chaque scène. C'est dans les détails que ça se passe. À force de faire des films, des téléséries, j'aime mieux me laisser surprendre par des moments, des regards, certains silences. Par exemple, Justin (Leyrolles-Bouchard), qui joue Félix, ne joue pas pareil au vingt et unième jour de tournage que lorsqu'il en était au tout premier. Pareil pour Julien (Leclerc), qui joue Fidor. Ces deux gars-là sont intelligents. Ils ont réellement compris ce qu'ils venaient faire dans le film en cours de route. Je savais bien que le jour un, ils ne pouvaient pas tout comprendre. Mais je voulais des jeunes acteurs non expérimentés. Je voulais qu'ils viennent de nulle part! On leur a tout expliqué. Ils sont devenus plus performants avec l'accumulation de connaissances. À la fin, ils se mettaient tout seuls sur leurs marques, demandaient quelles étaient les focales des lentilles... Donc, pour répondre à la question, je dirais que les jeunes dans le film m'ont surpris dans leur ensemble bien avant une séquence ou une scène précise.

PAGE SUIVANTE

L'oncle de Québec, Rodolphe (Robert Lepage).

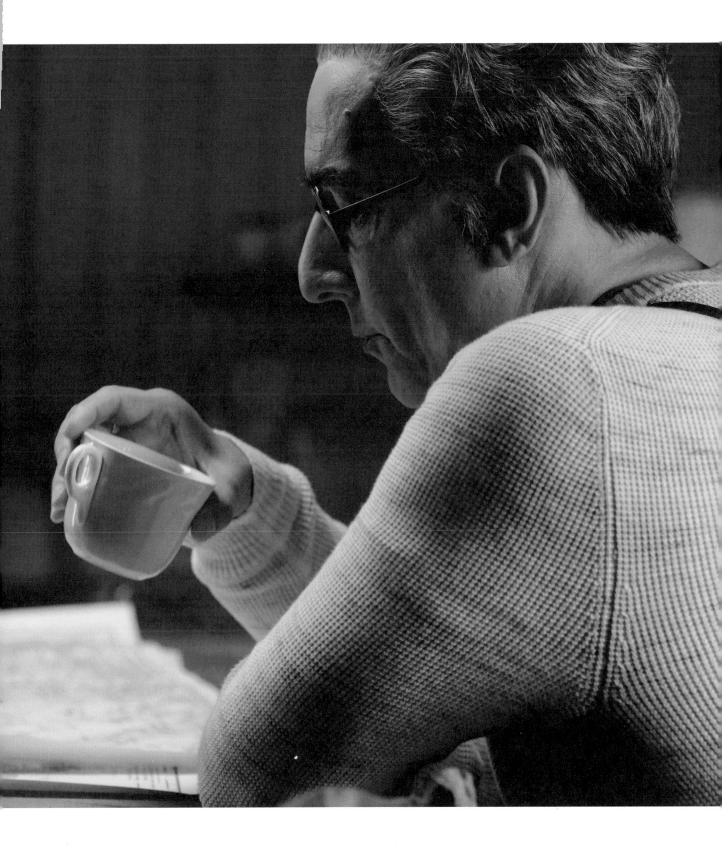

CI-DESSUS

La scène où «il faut tuer Goliath.»

PAGE SUIVANTE

Napoléon, le coureur des bois (Éric Robidoux).

CI-CONTRE

Fabiola dans sa cuisine.

PAGE SUIVANTE

**Chez Monsieur Gravel,
épicier. Yan Binsse,
Francis Leclerc, Patrice
Dagenais, Julien Leclerc.**

Q. — Y a-t-il quelque chose d'autre à propos de *Pieds nus dans l'aube* que vous auriez envie de dire?

R. — Euh, je ne sais pas... Je n'ai aucune attente en fait et je ne ressens pas de pression non plus parce que je travaille avec des gens qui me font confiance. Je sais que je suis plus exigeant pour ce film-là. J'essaie que le film marche de la première minute jusqu'à la dernière et que ce soit captivant. La seule affaire que je pourrais ajouter, c'est que, en vieillissant, c'est le chemin à prendre qui m'intéresse, le voyage. Pas la destination. Une fois arrivé, tu fais quoi? À la fin du voyage, les amis avec qui tu as voyagé, ils se dispersent. Si le chemin a été beau et que ton voyage a été trippant, ta destination — ton résultat — risque de l'être, par la force des choses. Au bout du compte, après, ce que tu veux faire, c'est repartir!

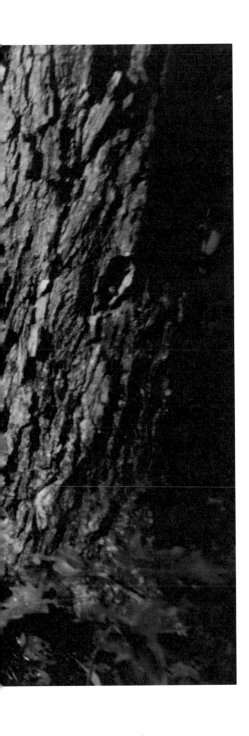

Remerciements

Ce livre est le travail conjoint de plusieurs personnes.

J'aimerais remercier Fred Pellerin, Dominic Gauthier, Antonello Cozzolino, Bruno Lamoureux et toute l'équipe de chez Fides.

Un immense merci à toi, Daniel Guy, d'avoir accepté de prendre part à cette aventure et surtout pour toutes ces journées de tournage passées auprès de toi au fil des années.

Francis Leclerc

CI-CONTRE

Fidor
Sténopé ; Zeroimage 6 × 9, f/235. Film Across 100 Neopan. 2 secondes d'exposition.
Développement du négatif au Caffenol CM (+i).

PAGE SUIVANTE

Félix

Table des matières

Les Films Séville présentent
une production Attraction Images

PIEDS NUS DANS L'AUBE	d'après l'œuvre de Félix Leclerc
Scénario	FRANCIS LECLERC FRED PELLERIN
Direction de la photographie	STEVE ASSELIN
Direction artistique	MARIE-CLAUDE GOSSELIN
Création des costumes	JOSÉE CASTONGUAY
Chef maquilleuse	ADRIANA VERBERT
Chef Coiffeur	MARTIN LAPOINTE
Montage	ISABELLE MALENFANT
Musique originale	LUC SICARD MARTIN ROY
Son	STÉPHANE HOULE OLIVIER CALVERT LUC BOUDRIAS
Distribution des rôles	BRIGITTE VIAU ISABELLE THEZ-AXELRAD
Productrice déléguée	MARIE-CLAUDE BEAULIEU
Producteur associé	FRANCIS LECLERC
Producteurs exécutifs	MARLEEN BEAULIEU LOUISE LANTAGNE RICHARD SPEER
Producteur	ANTONELLO COZZOLINO
Un film de	FRANCIS LECLERC

Narration	FÉLIX LECLERC
Félix	JUSTIN LEYROLLES-BOUCHARD
Fidor	JULIEN LECLERC
Léo	ROY DUPUIS
Fabiola	CATHERINE SÉNART
Bérubé	CLAUDE LEGAULT
Jean-Marie	TRISTAN GOYETTE PLANTE
Lédéenne	AGATHE TREMBLAY
Oncle Richard	GUY THAUVETTE
Oncle Rodolphe	ROBERT LEPAGE
Garde Lemieux	MARIANNE FORTIER
Grégoire	XAVIER GAUDREAU-POULIN
Anne-Marie	TIFFANY MONTAMBAULT
Gaspard	MICKAEL GOUIN
Curé	GUY-DANIEL TREMBLAY
Gaulier	MATHIS THOMAS
Monsieur Gravel	MATHIEU LEPAGE
James	KYLE GATEHOUSE
Enseignante	MARIE-GINETTE GUAY
Femme de Bérubé	MARIE-LAURENCE LÉVESQUE
Napoléon	ÉRIC ROBIDOUX
Garde Beaudoin	CATHERINE LEBLOND
Jeune fille anglaise	SHAUNA BONADUCE
William	PAUL VAN DYCK
Vicaire	JEAN-FRANÇOIS POULIN
Belle dame anglaise	UNE KAY
Ami de Gaulier 1	ÉMILE KINGSBURY
Ami de Gaulier 2	PHILIPPE GENDREAU
Ami de Gaulier 3	CHARLES VISOCKIS
Un élève	ZAKARY AUCLAIR
Gérard	ALEC BASTIEN
Clémence	MARIANNE PARENTEAU
Thérèse	ADÈLE ST-JACQUES
Gertrude	LORI-LUNE SÉVIGNY
Frère de Fidor 1	JULIEN DUFOUR
Frère de Fidor 2	ALEX DUPRAS
Soeur de Fidor 1	JASMINE SOUCY
Maurice Languelot	PIERRE-LUC FONTAINE
Homme de la ville	MARC POULIN
Ami de Garde Lemieux 1	JÉRÉMIE BOUCHER
Serveur	DAVID LEBLANC

Scripte-éditrice	JOHANNE LARUE
Distribution des rôles de figuration	FIGURATION JULIE BRETON
	MELISSA NEPTON
1er assistant à la réalisation	YAN BINSSE
2e assistante à la réalisation	MARIE-EVE GALAISE
3e assistante à la réalisation	NAKKITA TOUMI
3es assistants à la réalisation	AUDREY D. LAROCHE
supplémentaires	KATHERINE PARADIS
	SARA CORBEIL
	KEVEN P. PARENT
1ers assistants caméra	MAXIME BOUTIN
	MARTIN BROUILLARD
	MARIE-JULIE BESSE
	LYLIA BAHRI
	MARC-ANDRÉ THOMASSIN
2es assistants caméra	MARIE-EVE GOSSELIN
	MARIE-PIERRE GRATTON
	DAVID EMERY
Apprentis caméra	DAVID EMERY
	NICOLAS MASSÉ
Opérateur de Steadicam	GEOFFROY ST-HILAIRE
	SIMON BLOUIN
	JEAN-SÉBASTIEN CARON
Cadreur	DAVID PARÉ
Scripte	MARJORIE HAMEL
Photographe de plateau	DOMINIC GAUTHIER
Photographe	DANIEL GUY
Assistant directeur artistique	MATHIEU LEMAY
Décoratrices	KIM THIBODEAU
	JOSÉE PILON
Assistantes décoratrices	LORRAINE BOILY
	FANNY GAUTHIER
Coordonnatrice aux décors	CARRIE FOSTER
Assistante au département artistique	MARILOU LONGPRÉ-PILON
Accessoiriste extérieur	ANOUK ST-AMAND
Chef accessoiriste	STÉPHANE MONTORENCY
Assistantes accessoiriste de plateau	PATRICIA RIOUX
	MARIE-HÉLÈNE NARDINI

Techniciens aux décors	STÉPHANE CARON
	FRÉDÉRIC CHAMARRO
	PATRICK PARLE
	CEDRIC DELOCHE
	PATRICK SIOUI
	STACY LAWRENCE DALLAIRE
	YAN FRÉDÉRIC D'AMOUR
	LUC GAGNIER
	ANTHONY BOURGOUIN
	MARIUS TREMBLAY
	RENÉ FOREST
	SÉBASTIEN PERRON
Chef peintre	ROBERT BOURDEAU
Peintres scéniques	SARA BÉLANGER
	JEAN-MARC CORMIER
	LUC GAUVREAU
	GEORGES DE OLIVEIRA
	FRANCOIS BÉLAND
Chef paysagiste	XAVIER NOLET
Paysagistes	ANTOINE BIANCHI
	MARIE-FÉLIXE ROY
	YANN CUBAYNES
Coordonnateurs des véhicules	MICHEL PERREAULT
	ROLAND LACHANCE
Coordonnatrice chiens	JOSÉE JUTEAU
Assistante coordonnatrice chiens	ALICIA DUCASSE
Coordonnateurs chevaux	BERNARD LANDRY
	STÉPHANE DAOUST
Équipe chevaux	GUY JUNIOR LAPOINTE
	CHRIST-TUFF DAOUST
	PATRICK MURRAY
	LOU BOURNIVAL
	JEAN-YVES LEBRASSEUR
	LUNDY MCBAIN
	DANIEL MCELLIGOT
	GILBERT LAROSE
	STEPHANE LAPLANTE
	RAYMOND MCELLIGOT
	JACQUES BOURNIVAL
	RICHARD BRUNET
	MAURICE DAOUST

Chef costumière	LOUISE DUBÉ
Assistantes costumière	TANIA CAMIRÉ
	RENÉE TREMBLAY
Coordonnatrice des costumes	MANON BRODEUR
Chefs habilleuses	MARIE-HÉLÈNE MÉNARD
	RENÉE TREMBLAY
Habilleuses	MÉLISSA MARTEL
	PASCAL GAUTHIER
	EMMANUELLE GODBOUT
Assistante habilleuse	NADIA VILLENEUVE
Costumière figuration	MARCELLA LÉPORÉ
Habilleuses figuration	RENÉE TREMBLAY
	HÉLÈNE BÉLANGER
	SOPHIE GODARD
Assistantes habilleuses figuration	ZDRAVKA TCHAKALOP
	MARIE-CHARLES POULIOT-NADEAU
	GUYLAINE ST-AMAND
	CONSTANCE CHAMBERLAND
Techniciennes spécialisées aux costumes	CHLOÉ GIROUX-BERTRAND
	NOÉMIE POULIN
	DANIELLE MERCIER
Coupeur	EMMANUEL ROY
Couturière	FLAVIE LECHAT
Maquilleuse	MÉLANIE BELISLE
Maquilleuses supplémentaires	MELANIE GUIMONT
	CAROLE LAWRENCE
	BIANCA THERRIEN
	GABRIELA PRIETO MASQUEDA
Coiffeuse	NATHALIE GARON
	JANIE OTIS
Coiffeurs supplémentaires	GAÉTAN LANDRY
	AUDREY LAMPRON
	ANDRÉ DUVAL
	ALEX VERVILLE
	SARAH TREMBLAY
Perruquier	RICHARD HANSEN
Perchiste	OLIVIER VINSON
2es perchistes	CYNTHIA THIBAULT
	MARC FURTADO
Chef éclairagiste	UGO BROCHU
1er éclairagiste	MARC BONIN

Éclairagistes	PIERRE-YVES LAROUCHE
	SYLVAIN JOUVET
	MARC-ANTOINE THÉRIAULT-DAUNAIS
	PIERRE DAUDELIN
	JEAN-ROGER LEDOUX
	FRÉDÉRIC MOREAU
Opérateurs de génératrice	YVES OUIMET
	JEFF LANDRY
Chef machiniste	PATRICE DAGENAIS
1er machiniste	GUILLAUME DUBOIS
Machinistes	SAMUEL BOISVERT
	ALEXANDRE BOUCHER
	JOCELYN BEAULAC
	MÉLANIE ST-PIERRE
	CLAUDE GERVAIS
	THIERRY LACOMBE
	MARC-ANTOINE LEGAULT
	EMILIE ALLISON
	FÉLIX BELLEHUMEUR-LEMAY
	PHILIPPE ST-LAURENT-LÉVÊSQUE
	MAXIME CLOUTIER
	BENOIT LAMARCHE
Directeur des lieux de tournage	DENIS PAQUETTE
Assistant directeur des lieux de tournage	PEO ROUSSEAU
Recherchistes de locations	MARTINE ROCHETTE
	MARIE-JOSÉE BEAUDOIN
Régisseur de plateau	SIMON MARCOTTE
Assistant régisseur de plateau	MAXIME FLEURANT
Assistants de production plateau	DAVID LONGPRÉ MARCOUX
	AMÉLIE TRUDEL
Assistant de production camion	BRIAN BILODEAU
Assistants de production	AMÉLIE TRUDEL
	FRÉDÉRIQUE DESCARRIES-FONTAN
	FRÉDÉRIC HARY
	RAYMOND MARANDA
Assistants de production supplémentaires	NICOLAS MASSÉ
	AXEL ROBIDOUX
	GUILLAUME LARRAY
	MARIE-CHRISTINE CORMIER
	LOUIS COURTEMANCHE
	MARIE-PIER BEAUREGARD
	PATRICK PEREIRA
	GABRIEL TOURIGNY
	JEAN-MARC LARIVIÈRE
	SHAUN GAUTHIER
	FANNY MILOT-LEMOINE
	DAVID HORAN

Assistants de production câblage	YANNICK BOUTIN-GOSSELIN
	PATRICK PEREIRA
	FANNY MILOT-LEMOINE
	LOUIS COURTEMANCHE
Coursière de plateau	SOPHIE LEVASSEUR-THERRIEN
Chauffeurs	FRÉDÉRIC HARY
	YANNICK BOUTIN-GOSSELIN
	ANDRÉA TESSIER
Chauffeur spécialisé	YVES DÉCARIE
Cantiniers	MICHEL BACHAND
	CHRISTIAN MARION
Assistantes cantinières	ANDRÉA TESSIER
	MARIE-DOUCE MAINVILLE
	MARIE-PIER BEAUREGARD
Médic	FRÉDÉRIC JACQUES
Techniciens Tony de Provence	MICHEL SAULE
Coordonnatrice de production	ESTELLE CHAMPOUX
Adjointe au producteur	MYRIAM AUBIN-DÉCARY
Tutrice	ÉLODIE ST-GERMAIN
Chorégraphe	SOPHIE LAVIGNE
Vice-présidente, Finances et Opérations	MARIE-CHRISTINE HAMELIN
Directrice Finance, Productions	CAROLINE BERNIER
Conseillère au financement	MÉLISSA GIRARD
Comptable de production	YOLAINE LAVIGNE
Assistante comptable	ELAINE BIGRAS
Comptable de postproduction	JOSÉE GAGNON
Vice-présidente, Services juridiques	MARTINE TREMBLAY
Conseillère juridique	ÉVELYNE LEBLANC
Adjointe à la présidente	SYLVIE ROBIDOUX
Directrice de postproduction	MÉLANIE GAUTHIER
Coordonnateur de postproduction	JULIEN TREMBLAY
Maison de services de montage offline	PMT
Coordonnatrice de postproduction PMT	PASCALE FERLAND-LASALLE
Assistante-monteure	MARIE-LOUE BELLEFLEUR
Assistants-monteurs PMT	MARIE-OCÉANE COLLIGNON
	PIER-YVON LEFEBVRE
	ANNE-SOPHIE OUELLET
	FRÉDÉRIC OUELLET
	BENJAMIN VIOT

Maison de services de finition image	TECHNICOLOR − MONTRÉAL
Chargée de projets	MARIE-JOSÉE HUOT
Coloriste – finition	NICO ILIES
Monteur – finition	FRANÇOIS MASSÉ
Superviseur technique	YANNICK DESROCHERS
Ingénieur / science couleur	PIERRE PERRIER
Mastering DCP	FRANÇOIS LABRECQUE
Superviseur –opérations, réseautique et stockage	PHILIPPE HAMELIN
Gestionnaires de données	CHRISTIAN MONGRAIN
	ÉRIC MONGRAIN
	ROB WILSON
	MATHIEU ROBILLARD
Infographie	LISE DAGENAIS
Motion Design	YVES CLÉMENT
Représentante aux ventes	LYNE LAPOINTE
Gestionnaire des ressources	FRANÇOIS-GAEL CASTAIGNEDE
Production interne	ISABELLE ARSENEAULT
Effets visuels	ALCHIMIE 24
Superviseur VFX	JEAN-FRANÇOIS (JAFAZ) FERLAND
Productrice VFX	MARIE-CLAUDE LAFONTAINE
Coordonnateur VFX	PIERRE-DAVID MYLES
Superviseur du Compositing	DIDIER BERTAND
Chef d'équipe VFX	PATRICK LEMAY-HARDY
Directeur Technique	OLIVIER PÉLOQUIN
Assistant de Production / Compositeur Numérique	MAXIME DESFORGES
Compositeur Numérique Sénior / Superviseur de plateau	SIMON BEAUPRÉ
Compositeur Numérique Sénior	MAXIME LAPOINTE
Compositeur Numérique Sénior	ANDRIS PAKALNS
Compositeur Numérique / Artiste Match-Move	DAVID DÉCOSTE
Compositrice Numérique	JESSICA FRANCŒUR-DUCHARME
Compositeur Numérique	BRYAN HSU
Compositeur Numérique	YI ZHANG
Compositeur Numérique / Artiste 3D	WESLEY LEMIEUX
Compositeur Numérique Junior	PHILIPPE COURNOYER
Environnement numérique	STARNO
VFX Executive Producer	CATHERINE NADEAU
Adjointe Administrative	RACHEL THERRIEN
Directeur Financier	FRANCIS LAROSE

Montage dialogues	FRANCINE POIRIER
Montage effets sonores	OLIVIER CALVERT
	SAMUEL GAGNON-THIBODEAU
Assistant monteur son	DANIEL CAPEILLE
Maison de services — mix	MELS
Assistant au mix	YANICK GAUTHIER
Bruiteur	LISE WEDLOCK
Prise de son bruitage	DANIEL BISSON
Directrice de postsynchronisation	NATALIE FLEURANT
Prise de son postsynchronisation	BERTRAND DURANLEAU
	LOUIS-ANTOINE LASSONDE
Montage de postsynchronisation	NATALIE FLEURANT
Assistants sonores	LOUIS-ANTOINE LASSONDE
	GABRIELLE LABELLE JOLY
	JOEY SIMAS
	LÉONARD VASCO
Superviseur de gestion de projet	
Mels–services sonores	LUDOVIC POIRIER
Superviseur des opérations	
Mels–services sonores	ANNIE PRESSEAULT
Piano, Guitare, Mélodion,	
Violon, Violoncelle, Glockenspiel	LUC SICARD
Contrebasse, Flûte Traversière,	
Violoncelle, Violon, Mélodion, Glockenspiel	MARTIN ROY
Harmonica	MARTIN LÉON
Guitare	JOCELYN TELLIER
Violoncelle Soliste	CAMILLE PAQUETTE-ROY
Clarinette	MICHEL DUBEAU
Voix	MICHÈLE MOTARD
Voix	PIERRE-ALEXANDRE LÉPINE
Batterie	MAX SANSALONE
Clarinette Dixie	JEAN-SÉBASTIEN LEBLANC
Enregistré aux	STUDIO CHAPMAN
	STUDIO LE MÉGILOIS
	STUDIO LAPORTE
	STUDIO DANDURAND
Mixeur musique	DOMINIQUE DESPINS
Mixée au	STUDIO PMT

MUSIQUE ADDITIONNELLE

« Impromptu, Op. 90 n° 3 (D. 899/3),
en sol bémol majeur (Andante) »
Interprété par Tiffany Montambault
(Franz Schubert)

« Sonate pour piano n° 21 (D. 960),
en si bémol majeur (Molto moderato) »
Interprétée par Tiffany Montambault
(Franz Schubert)

« Break String Quartet Op. 4 »
Interprété et composé par Z Music
Avec l'aimable autorisation de AudioJungle

« Welcome to my event string quartet Op. 1 »
Interprété et composé par Z Music
Avec l'aimable autorisation de AudioJungle

« Lobe den Herren, den mächtigen
König der Ehren »
(Joachim Neander)
Avec l'aimable autorisation
de Hi-Fi Hymn Book

« Concerto n° 1 op. 8, (RV 269) en mi majeur,
La primavera (Allegro) »
Interprété par Adigold
(Antonio Vivaldi)
Avec l'aimable autorisation de AudioJungle

« Ouverture n° 3 (BWV 1068)
en ré majeur, (Gavotte) »
(Jean-Sébastien Bach, arrangé par Craig Austin)
Édité par S.I. Publishing
Avec l'aimable autorisation de AudioJungle

« Libera me »
(chant grégorien)
Interprété par
Pierre-Alexandre Lépine

« Tu te lèveras tôt »
Interprété par Martin Léon
(Félix Leclerc)
Édité par Warner Chappell Music France
et Editorial Music

Libération des droits musicaux   JOSÉE-ANNE TREMBLAY

Archives sonores
« Le Départ »
Auteur : Félix Leclerc
Interprété par Félix Leclerc
Avec l'aimable collaboration de Mercury Music Group (Universal Music Canada)

D'après le roman
« Pieds nus dans l'aube »
De Félix Leclerc
publié aux Éditions FIDES

Équipement caméra / éclairage / machiniste	MTL VIDÉO ET CINÉPOOL
Génératrice	GÉNÉRATRICES STAR
Financement intérimaire	BANQUE NATIONALE DU CANADA
	GROUPE CINÉMA & TÉLÉVISION

FRANCIS LECLERC remercie

GAËTANE LECLERC
NATHALIE LECLERC
ANDRÉ MELANÇON
CATHERINE BRUNET
ANTOINE PILON
LEO et MAYA

ATTRACTION IMAGES remercie

VILLAGE QUÉBÉCOIS D'ANTAN
ÉRIC VERREAULT et CLAUDE TESSIER

PARC NATIONAL DE LA JACQUES-CARTIER - SÉPAQ
MATHIEU BRUNET

SOCIÉTÉ DU PATRIMOINE DE THETFORD MINES
RENALD TURCOTTE

D'ARBRE EN ARBRE DRUMMONDVILLE
PAROISSE ST-JOSEPH DE CHAMBLY
CLUB UNIVERSITAIRE DE MONTRÉAL
COLLÈGE VILLA MARIA
EXPORAIL - MUSÉE FERROVIAIRE CANADIEN
HUDSON VILLAGE THEATER
MICHEL TREMBLAY (RÉFRIGÉRATION MICHEL TREMBLAY)
ROXANNE MONFETTE et OLIVIER MYRE (CAFÉ-BOUTIQUE AUX CINQ SOEURS)
DOMINIQUE CARON (FQCK)
DOMINIQUE BELLEMARE
PAUL RACINE
YVES LAFRAMBOISE
LA SOCIÉTÉ HISTORIQUE DE LA TUQUE ET DU HAUT ST-MAURICE
ALAIN BEAUCHAMPS, ARCHIVISTE CSDM
ROBERT LUSSIER
Dre NADINE PACKWOOD

Merci à toute l'équipe d'Attraction Images!

Les producteurs remercient particulièrement
MARIE-FRANCE GODBOUT
MICHEL PRADIER
CATHERINE LOUMÈDE
JEAN-CLAUDE MARINEAU
LAURENT GAGLIARDI
ODILE MÉTHOT
ANDRÉ BÉRAUD
BRIGITTE LÉVEILLÉ
SERGE THIBAUDEAU
et aussi
GENEVIÈVE, KIM, CLARA, VICTOR
et MILOU

Produit avec la participation financière de
TÉLÉFILM CANADA
SODEC
Québec - Crédit d'impôt cinéma et télévision - Gestion SODEC
FONDS HAROLD GREENBERG
RADIO-CANADA
Crédit d'impôt pour production cinématographique
ou magnétoscopique canadienne - Canada

Et la collaboration de
FONDS QUÉBECOR
SUPER ÉCRAN

Distribution au Canada
LES FILMS SÉVILLE

Ventes internationales
SEVILLE INTERNATIONAL

Achevé d'imprimer en octobre 2017
sur les presses de l'imprimerie Transcontinental